REINALDA DELGADO DOS REIS

MINISTÉRIO DE ORAÇÃO POR CURA E LIBERTAÇÃO

Patrono Arcanjo São Rafael

Manual de Orientação

EDITORA
SANTUÁRIO

DIREÇÃO EDITORIAL:
Pe. Flávio Cavalca de Castro, C.Ss.R.
Pe. Carlos Eduardo Catalfo, C.Ss.R.

REVISÃO:
Elizabeth dos Santos Reis

DIAGRAMAÇÃO:
Alex Luis Siqueira Santos

CAPA:
Fernanda Barros Palma da Rosa

**Dados Internacionais de Catalogação na Publicação (CIP)
(Câmara Brasileira do Livro, SP, Brasil)**

Reis, Reinalda Delgado dos
    Ministério de oração por cura e libertação: manual de orientação / Reinalda Delgado dos Reis – Aparecida, SP: Editora Santuário, 2005.

    Bibliografia.
    ISBN 85-7200-977-9 (Santuário)

    1. Cura 2. Oração 3. Renovação Carismática Católica I. Título. II. Série.

05-1187   CDD-269

Índices para catálogo sistemático:

1. Ministério de oração por cura e libertação:
Renovação Carismática Católica:
Cristianismo 269

6ª impressão

Todos os direitos reservados à **EDITORA SANTUÁRIO** – 2018

Rua Pe. Claro Monteiro, 342 – 12570-000 – Aparecida-SP
Tel.: 12 3104-2000 – Televendas: 0800 - 16 00 04
www.editorasantuario.com.br
vendas@editorasantuario.com.br

Para ser conhecido e aplicado pelo Coordenador Estadual e seu coordenador estadual do Ministério de Oração por Cura e Libertação, pelos Coordenadores Diocesanos e por seus respectivos coordenadores diocesanos do Ministério de Oração por Cura e Libertação de cada Diocese e seus representantes nas cidades – visando sua implantação e reavivamento.

Prefácio à segunda edição

Quando me foi solicitada a revisão e nova edição de nosso *Manual de Orientação* para o Ministério de Oração por Cura e Libertação – pois a primeira edição havia sido preparada no início do ano de 1999, quando eu assumira há apenas seis meses a responsabilidade de fazer um Planejamento em nível nacional para a formação dos servos que já estavam exercendo esse Ministério em todo o Brasil; e de organizar Equipes responsáveis em todos os níveis de Coordenação para atuarem em unidade e comunhão com os direcionamentos do Espírito Santo através do Conselho Nacional e da proposta da Ofensiva Nacional –, pude sentir-me mais segura e amadurecida no próprio Ministério e no discernimento da vontade do Senhor.

Esse discernimento, feito ao longo dos anos através da escuta na oração, da experiência no contato com outras realidades e da partilha com o próprio Conselho Nacional das necessidades práticas dos servos ministeriados, nos dá hoje a certeza de que Deus mesmo nos quer conduzir para que Sua grande obra de curar e libertar Seu amado povo brasileiro se concretize.

Esse amadurecimento é fruto de uma experiência vivida dia a dia, semana após semana, Encontros de Formação um após outro, nestes sete anos: em meu próprio Grupo de Oração, no Estado de São Paulo, – aplicando as Apostilas de Formação Básica e formando servos em todas as 47 dioceses que ele possui –, e também visitando todos os Estados que solicitaram minha presença, alguns deles mais de uma vez, com a missão de orientar os Coordenadores Estaduais e seus coordenadores do Ministério em seus Estados, e a todos os demais servos interessados, com Encontros de Oração por Cura e Libertação e Aprofundamento no Conhecimento e exercício de nosso Ministério.

Vividos estes anos tão intensamente e presenciando a glória e o poder de Nosso Senhor Jesus Cristo, como muitos poucos têm a oportunidade de presenciar, sinto-me privilegiada e muito grata a Ele, pois de certa forma conseguimos realizar um pouco do que o Senhor ainda deseja realizar através de todos os que perseveram com zelo e dedicação a servi-Lo orando pela Cura e Libertação de todos os irmãos que vêm a nossos Grupos de Oração.

Porém, quando me pus em oração e discernimento sobre este *Manual*, posso com toda simplicidade e sinceridade concluir que, eu mesma, quando adquiro um eletrodoméstico, um aparelho de som, um computador, um carro, ou outro bem qualquer, e recebo o Manual de Instrução que sempre o acompanha, nunca o leio por completo e muito menos me interesso em estudá-lo com afinco... Utilizo o utensílio que comprei, do jeito que acho que deve ser, às vezes procuro umas "dicas" com alguém que já o possui ou consulto no Manual algum problema que surja e que por mim mesma não consiga resolver.

Tenho diante de mim, enquanto escrevo este Prefácio, o Manual do Micro-ondas ME32 da Eletrolux! Longe de querer fazer qualquer propaganda dele, é óbvio, quero apenas desta forma confirmar o que reflito com todos aqueles que se disporão a, pelo menos, ler este Prefácio ao adquirir este Manual.

Em primeiro lugar, observo que eu mesma nem sabia que meu "micro-ondas" era desse modelo e dessa marca! Reparo que foi certamente elaborado por excelente especialista. Seu tamanho é de chamar a atenção: mede 30 cm de altura por 21 de largura! Só para comparar, este nosso Manual que agora o leitor tem em suas mãos mede somente 21 cm de altura por 14 de largura! Proporções bem menores!

Ele começa me parabenizando pela compra que fiz! Puxa, e eu até hoje, pois já faz uns 3 anos que o adquiri (não tenho bem certeza...) não me senti parabenizada! Faltou-me leitura do Manual!

Há Dicas e Instruções Importantes de Segurança! Como deve supor o leitor, não sei os perigos que corro quando o utilizo, e acho que, só por graça de Deus, não me aconteceu ainda nenhum acidente grave, utilizando-o! Talvez porque quem o instalou para mim tenha lido algumas dessas Instruções.

E olha só: repetidas vezes encontro destaque para a seguinte observação: *Leia todas as instruções antes de utilizar o aparelho e guarde-as para futuras referências!* Fico até achando graça...

E vai longe... afinal são 38 páginas! Além de descrever o Produto, ensina como usá-lo, mostra em desenhos seu Painel de Controles, e explica a respeito de certos ajustes, principalmente do tempo de cozimento e nível de potência! Fico entre admirada e espantada! E de descongelamento correto, como deixar alimentos crocantes, além de tabelas e mais tabelas! Tudo detalhadamente, e me parece que a Eletrolux e seus técnicos não se esqueceram de nada para auxiliar aqueles que adquiriram esse micro-ondas.

Que surpresa! Em anexo, um livrete da *Rede Nacional de Serviços Autorizados* e ainda: outro livrete *de receitas*! E, infelizmente, por não ter consultado meu Manual em nenhum dia desses anos todos em que uso meu micro-ondas, não fiz nenhuma delas, e talvez minha família tenha sido privada de uma boa e rápida refeição!

Se você, como eu, exerce o Ministério de Oração por Cura e Libertação, depois destes comentários iniciais; e se como eu, também não costuma ler e estudar os tantos Manuais que deva ter em sua casa de aparelhos que adquiriu, já pôde perceber quão importante é este *Manual de Orientação*, principalmente porque estamos empenhados em servir o Senhor cada dia melhor, com vistas a nossa santidade e salvação, e à salvação de tantas almas!

Creia, eu também me senti mais animada em rever e aperfeiçoar ao máximo esta segunda edição, pois pude perceber claramente o quanto ele é útil e necessário para todos nós que nos identificamos com este "jeito de ser Igreja" e participamos do Movimento da Renovação Carismática Católica, e muito particularmente vocacionados para o Ministério de Oração por Cura e Libertação.

É com regozijo que me proponho a entregar a todos os irmãos e irmãs dos Grupos de Oração da RCC do Brasil, nosso pequeno *Manual de Orientação para o Ministério de Oração por Cura e Libertação, revisado e ampliado.*

Que o Divino Espírito Santo me ilumine e auxilie neste trabalho. Não deixo de contar, em nenhum momento, com a experiência "técnica" e auxílio de meu querido Arcanjo São Rafael!

Assim, vamos lá!

Reinalda Delgado dos Reis

Apresentação

Quero aproveitar para começar parabenizando você, querido irmão e irmã em Cristo Jesus, que tanto quanto eu encontrou n'Ele o *Caminho, a Verdade e a Vida*! (Cf. Jo 14,6).[1] Por isso vimos procurando seguir seus passos, escutando tudo que nos revelou e realizou enquanto esteve entre nós há mais de 2.000 anos, encontrando em seus ensinamentos e em seus feitos grandiosos, o sentido para nossas vidas enquanto neste mundo tão passageiro...

Somos felizes! Pois sabemos em quem depositamos nossa confiança, e quantos há que vivem desesperançados, sem um ideal que lhes dê sentido de eternidade e paz! (Leia 1Tm 6,17).

Vale a pena seguir Jesus, principalmente através do Ministério de Oração por Cura e Libertação, pois sabemos que essa foi também sua missão: curar e libertar para salvar, assim como salvar para curar e libertar, frutos de seu amor incondicional e extremo por nós. Torna-se, portanto, grande privilégio sermos chamados por Ele para orar por cura e libertação.

Pessoalmente, quando me sinto abatida pelas dificuldades e cansada pela responsabilidade de tão grande obra diante de mim, leio repetidas vezes a recomendação que São Paulo fez a Timóteo:

---

[1] Todas as citações bíblicas referem-se à Bíblia Sagrada, Editora Ave-Maria Ltda., SP.

> "... meu filho Timóteo, de acordo com aquelas profecias que foram feitas a teu respeito: amparado nelas, sustenta o bom combate, com fidelidade e boa consciência, que alguns desprezaram e naufragaram na fé" (1Tm 1,18b-19).

Sinto-me também um pouco "filha de São Paulo" quando leio suas Cartas e fico pasma diante de seus testemunhos, e me ponho atenta ao que ele me exorta: não me esquecer das profecias feitas a meu respeito por irmãos leigos e sacerdotes que oraram por mim muitas vezes, amparo-me nelas e tomo posse do poder das Escrituras e do Magistério da Igreja, e procuro manter-me neste *combate acirrado*, pois não quero rejeitar esta exortação e muito menos acabar soçobrando na fé, pois vivemos momentos decisivos na História da Salvação.

Creio que para todos essa admoestação é importantíssima, pois quanto mais amamos o Senhor e desejamos de coração sincero servi-Lo, há um conflito contínuo contra nossa própria natureza pecadora (nossa carne) (Rm 7,14), contra o mundo (Jo 15,18-19) e contra Satanás (Ef 6,12). Portanto, precisamos urgentemente tomar consciência desta *batalha espiritual* que travamos diuturnamente, aprender as estratégias de nossos inimigos e saber quais armas o Senhor Vencedor coloca a nossa disposição e com firmeza e constância aprender a utilizá-las, para com Ele, com a Virgem Santíssima e com os Anjos proclamarmos que *somos mais do que vencedores* (Rm 8,37) e que *nada poderá nos apartar do Amor que o Pai celestial tem por cada um de nós, em Cristo Senhor*! Aleluia!

Certamente vocês, meu irmão e irmã (permitam-me chamá-los assim...), também pediram oração de algum servo, de algum Coordenador ou algum Sacerdote ligado à RCC quando foram percebendo o chamado do Senhor para um Ministério.

Foi então que nos decidimos a servir o Senhor com alegria (Sl 99,2), no desejo de vermos muitos irmãos renovados, curados e libertos, e assim também testemunharmos tantas graças em nossas próprias vidas, e aceitamos estar neste Ministério contra toda espécie de doenças ou enfermidades, contra todo mal, não é verdade? Não é esta a intenção que nos impulsiona?

Queremos ser servos autênticos e irrepreensíveis (1Ts 5,23-24), buscando nossa identidade enquanto Igreja Católica, Apostólica, Romana que sempre cuidou de seus fiéis, dedicada a vê-los na vereda da salvação, curados e libertos pelo poder de Jesus, o Senhor.

Fomos percebendo que o exercício do Ministério de Oração por Cura e Libertação é imprescindível para que o Batismo no Espírito recebido por cada um de nós possa ser vivenciado plenamente, pois é necessário deixarmos que o mesmo Espírito que nos impulsiona para a missão atue poderosamente em Nome de Jesus, curando nossas feridas, livrando-nos de doenças físicas que de alguma forma possam impedir-nos de nos lançarmos na obra, libertando-nos de todas as raízes do Mal, ao qual já renunciamos, mas que insidiosamente persiste em nos tentar, acusar, atormentar, desviar dos caminhos por onde o Senhor nos quer conduzir.

Buscamos com total confiança em Sua Palavra, alento e forças:

> *"Pois, eis o que diz o Senhor Javé: vou tomar eu próprio o cuidado com minhas ovelhas, velarei sobre elas... Sou eu que apascentarei minhas ovelhas, sou eu que as farei repousar. A ovelha perdida eu a procurarei; a desgarrada, eu a reconduzirei; a ferida, eu a curarei; a doente, eu a restabelecerei, e velarei sobre a que estiver gorda e vigorosa. Apascentá-las-ei todas com justiça"* (Ez 34,11.15-16).

Diante desta promessa, como não lançar fora todo medo e renunciar a toda e qualquer insegurança, preocupação ou sentimento de incapacidade? Ele é o Pastor! Ele mesmo está muito mais interessado do que nós jamais poderíamos estar, com *Suas ovelhinhas*, – com nós mesmos e com os irmãos que vêm a nossa procura em busca de oração por Cura e Libertação.[2]

"Nós somos operários com Deus. Que os homens nos considerem, pois, simples operários de Cristo, e administradores dos mistérios de Deus" (1Cor 3,9a; 4,1).

Com fidelidade e humildade, estejamos *por amor* a serviço do Senhor em favor dos irmãos, eliminando o profissionalismo, a autossuficiência, e lutando contra toda e qualquer fraqueza que nos leve a buscar a recompensa ou a autorrealização.

Que o fato de hoje estarmos exercendo este Ministério não signifique que somos diferentes, superiores ou melhores que quaisquer outros servos, pois assim como os demais Ministérios da Ofensiva Nacional, este é apenas um dos meios dos quais o Bom Pastor se serve para atrair para junto de si Suas ovelhas, reuni-las e apascentá-las.

Portanto, a "Cura e a Libertação" nada mais são do que o exercício de uma obra de Misericórdia (Lc 6,36),[3] pois somente cheios do amor de Deus é que acolhemos, ouvimos as dificuldades, aconselhamos, acompanhamos e encaminhamos aqueles que nos procuram para experimentarem o Amor do Verdadeiro Pastor que pode cuidar, curar, restaurar e renovar a cada um.

---

[2] Sugerimos a leitura do Tema de Aprofundamento denominado "Vida em Abundância" (apostilado e gravado em CD e K7).
[3] Leia também CIC 2447.

Quando, pela graça do Espírito de Deus, exercemos os Carismas, reconheçamos que *"temos este tesouro em vasos de barro, para que transpareça claramente que este poder extraordinário provém de Deus e não de nós... E tudo isso se faz para que a graça se torne copiosa entre muitos e redunde em sentimento de gratidão, para a glória de Deus"* (2Cor 4,7.15).

Enfim, resta-nos perseverar incansavelmente, sem medir esforços, sempre dispostos à renúncia e ao sacrifício em favor dos irmãos que amamos por amarmos Jesus, nosso Senhor, ornados de boas obras para nosso Esposo, nossa Vida! (Ap 21,2).

I

O MINISTÉRIO DE ORAÇÃO POR CURA E LIBERTAÇÃO

1. O que é

Como um dos Ministérios da Ofensiva Nacional, dentro do Movimento da Renovação Carismática Católica do Brasil, *o Ministério de Oração por Cura e Libertação* é a prestação de serviço aos membros participantes dos Grupos de Oração, visando evangelizá-los e orientá-los a buscarem a cura e a libertação para si e para os seus, em Jesus – o Senhor vivo e ressuscitado –, através da oração dos irmãos.

Tem como objetivo reacender a chama da fé[4] no coração de todos, pois *"Jesus Cristo é sempre o mesmo: ontem, hoje e por toda a eternidade"* (Hb 13,8), realizando sinais, milagres, prodígios e maravilhas no meio de nós; na certeza de que o plano do Pai é nos conceder em Jesus Seu Filho, *vida em plenitude* (cf. Jo 10,10), pelo poder de Seu Santo Espírito.

---

[4] Sugerimos a leitura do Tema de Aprofundamento "A Palavra do Senhor para o Ministério em 2004", através do estudo de Neemias, capítulo 3,33, capítulo 4,17 (apostilado e gravado em CD e K7).

2. O que faz

Os servos do Ministério de Oração por Cura e Libertação, em seus Grupos de Oração e nos locais próprios de Atendimento aos irmãos, têm como função:

Acolher: todos aqueles que vierem em busca de intercessão e orientação para seus problemas pessoais e/ou dificuldades familiares etc.

Ouvir: com atenção e zelo, tudo aquilo que vierem partilhar de suas vidas e de suas necessidades.

Orar: por cada um que assim o deseje, e sob a inspiração dos Carismas de Revelação: a Palavra de Ciência e o Discernimento dos Espíritos, procurando ajudá-los. Além dos Carismas da Palavra: Oração e Cântico em Línguas e Palavra de Profecia; e principalmente com a autoridade dos Carismas de Poder: Fé, Cura e Operação de Milagres.

Aconselhar: sob a inspiração do Carisma de Revelação que é também a Palavra de Sabedoria, dando o devido aconselhamento do que eles mesmos de sua parte precisam fazer para que cheguem à solução de seus problemas e passem a viver segundo a vontade do Pai.

Incentivar: para que cada um cresça na graça de Deus, através de uma vida de oração mais intensa, de uma participação mais frequente aos Sacramentos, de uma assídua escuta ao Senhor através de Sua Palavra, e de uma comprometida inserção na vida comunitária e paroquial, além de estar participando assídua e semanalmente de um Grupo de Oração da RCC.

3. Como implantar

O Ministério de Oração por Cura e Libertação, para ser implantado nos Estados e Dioceses, necessita seguir os seguintes passos:

1) Escolher um coordenador para o Ministério de Oração por Cura e Libertação em *nível estadual*. Que ele e sua Equipe estejam em comunhão com o Coordenador Estadual e com todo o seu Conselho, e todos em unidade e obediência ao Conselho Nacional.

2) Escolher um coordenador diocesano para o Ministério de Oração por Cura e Libertação em *nível diocesano,* que escolherá, juntamente com o Coordenador Diocesano da RCC e o Coordenador Local, um representante para o Ministério de Oração por Cura e Libertação, em cada cidade de sua Diocese. Que todos estejam em comunhão com o Coordenador Diocesano e com todo o seu Conselho, e todos em unidade e obediência ao Conselho Estadual.

3) Propiciar e incentivar e Formação de todos os servos que exercem o Ministério de Oração por Cura e Libertação e dos demais servos, através de:

Ministério de Formação Básica: que todos possam ir participando dos oito Encontros do Módulo de Formação Básica.

Formação Específica: a seguir, ou simultaneamente, os servos devem participar dos Três Encontros específicos, contidos nos Três Módulos apostilados de Formação do Ministério de Oração por Cura e Libertação.

Bibliografia Básica: procurar ter acesso e ler os livros indicados na Bibliografia contida nas Apostilas, e também neste Manual.

Encontros Nacionais de Formação e Reavivamento, realizados anualmente pela Coordenação Nacional do Ministério e com o apoio e presença do Conselho Nacional, sempre que possível, porém cientes de suas responsabilidades e desejosos de caminhar em unidade.

Encontros Estaduais com a presença do(a) Coordenador Nacional do Ministério e de cada Núcleo Estadual: que é formado pelo Coordenador Estadual, por seu coordenador estadual do Ministério, e por cada Coordenador Diocesano e seu respectivo coordenador diocesano do Ministério com sua Equipe, sempre que possível, porém cientes de suas responsabilidades e desejosos de caminhar em unidade.

Encontros Diocesanos, dirigidos pelo coordenador estadual do Ministério e seu núcleo estadual, juntamente com o coordenador diocesano do Ministério e seus auxiliares, convocando a presença de seus representantes em cada cidade da Diocese, dos núcleos de Formação, e dos coordenadores de Grupo de Oração, que poderão ajudar a dar continuidade a estes Módulos de Formação Básica, posteriormente em cada cidade ou região da Diocese.

Encontros Locais, dirigidos pelo coordenador diocesano do Ministério e sua Equipe, com a cooperação de seu representante e auxiliares do Ministério na cidade ou região, convocando os coordenadores de Grupo de Oração e todos os servos do Ministério e os demais servos de outros ministérios da cidade ou região, para que gradativamente todos os membros dos Grupos de Oração, chamados ou não para exercerem este Ministério também possam ter esta Formação Básica das Três Apostilas, que certamente muito os auxiliará em seu crescimento espiritual e no Ministério que exercem, seja ele qual for.

4. Nossa espiritualidade

Como em todo serviço prestado pelos diferentes Ministérios dentro da Ofensiva Nacional, mas muito especialmente por este MINISTÉRIO DE ORAÇÃO POR CURA E LIBERTAÇÃO, temos alicerces que sustêm nossa Espiritualidade. Eles são como um tripé, através dos quais vemos um progresso em nossa vida mística, em nossa ascese espiritual, como também em nosso Ministério.

Também para que nossos Encontros e o exercício de nosso Ministério seja do agrado do Senhor, segundo o Plano do Pai e para Sua maior glória, e para a real edificação da Igreja, devemos abrir-nos cada vez mais à graça renovadora do Espírito Santo, obra que somente Ele pode realizar em nós e através de nós.

a) Busca de Santidade

O Concílio Vaticano II, na Encíclica Lumen Gentium, afirma: "Todos os fiéis cristãos, de qualquer estado ou ordem, são chamados à plenitude da vida cristã e à perfeição da caridade" (LG 40). Isto é apenas um fraco eco dos imperativos que lemos em toda a Sagrada Escritura, e destacamos o que nos afirma São Paulo: *"Esta é a vontade de Deus: a vossa santificação"* (1Ts 4,3).

"A plenitude da vida cristã" e a "perfeição da caridade" devem ser consideradas como o resultado final do Batismo pelo qual somos iniciados na vida divina. Ser batizados é entrar na vida do Deus Três Vezes Santo. Ouvi em certa reunião, Pe. Eduardo Daugherty[5] afirmar: "Ser santo é ser cópia do original...".

Ser batizado é, portanto, um convite – um chamado de Deus a cada um de nós, para vivermos Sua vida, que é santa e perfeita, numa amizade profunda com Ele... *"Para sermos santos e irrepreensíveis, diante de seus olhos"* (Ef 1,4).

O que é *santidade*? Em seu sentido mais profundo, santidade é uma amizade com Deus Santíssimo, o Pai, o Filho Jesus Cristo, e o Espírito Santo.

Santidade ou Justiça é manter um relacionamento correto com Deus.

---

[5] Sacerdote jesuíta fundador da Associação do Senhor Jesus e do Canal de TV Século 21, Campinas-SP.

"Ora, nossa comunhão é com o Pai e com seu Filho Jesus Cristo" (1Jo 1,3).

"Se me amais, guardareis meus mandamentos. E eu rogarei ao Pai, e ele vos dará outro Paráclito, para que fique eternamente convosco" (Jo 14,15-16).

Portanto, quando estamos num relacionamento de amor com as Pessoas da Santíssima Trindade, esforçando-nos diariamente para caminharmos sempre na presença de Deus, e para sermos fiéis a Sua Palavra, podemos dizer verdadeiramente que estamos nos tornando santos.

O novo desafio para a santidade é, antes de tudo, um relacionamento ativo em amor com o Deus Trino: o Pai, e o Filho, e o Espírito Santo. É no relacionamento com o Pai como uma criancinha, com Seu Filho Jesus Cristo como verdadeiro discípulo, e com o Espírito Santo como um constante companheiro e vivendo em Sua santa presença.

Depois que esta atitude para com um Deus pessoal estiver no lugar, então se seguem as palavras e as ações correspondentes, revelando a santidade de Deus, que brilha através da vida diária de cada um. Colocando de forma simples, *a santidade é, portanto, uma atitude de vida habitual e fortemente unida ao Deus de amor.* Este é o relacionamento correto com Ele: *"Buscai em primeiro lugar o Reino de Deus e sua justiça, e todas estas coisas vos serão dadas em acréscimo"* (Mt 6,33).

Neste novo milênio, as palavras de Moisés na hora da partida do Povo de Israel podem ser vistas como um desafio para nós:

> *"Escolhe, pois, a vida, para que vivas com tua posteridade, amando o Senhor, teu Deus, obedecendo a sua voz e permanecendo unido a Ele. Porque é esta tua vida e a longevidade dos teus dias na terra que o Senhor jurou dar a Abraão, Isaac e Jacó, teus pais"* (Dt 30,19-20).

Enfim, o caminho da santidade é o caminho do conhecimento e da intimidade em Deus. Podemos concluir que *Santo é aquele em quem Deus se vê!*

Como vai nossa busca de *santidade*? Temos deixado o Espírito de Deus operar nossa santificação?

Podemos refletir sobre alguns textos:

- Hb 12,14: "Procurai a paz com todos e ao mesmo tempo a santidade, sem a qual ninguém pode ver o Senhor".

- 1Pd 1,15-16: "A exemplo da santidade daquele que vos chamou, sede também vós santos em todas as vossas ações, pois está escrito: Sede santos, porque eu sou santo" (cf. Lv 11,44).

- 2Pd 1,3: "O poder divino deu-nos tudo que contribui para a vida e a piedade, fazendo-nos conhecer aquele que nos chamou por sua glória e por sua virtude".

- 1Jo 3,2-3: "Caríssimos, desde agora somos filhos de Deus, mas não se manifestou ainda o que devemos ser. Sabemos que, quando isto se manifestar, seremos semelhantes a Deus, porquanto o veremos como ele é. E todo aquele que tem nele esta esperança torna-se puro, como ele é puro".

Lutemos para nos tornarmos santos dentro de nossas famílias e comunidades de fé, e também através do exercício de nosso Ministério, e permaneçamos unidos a nosso Deus que sempre é fiel em Seu amor por todos e por cada um de nós. Aleluia!

Com a reflexão do texto da Carta aos Romanos: *"Mas agora, libertados do pecado e feitos servos de Deus, tendes por fruto a santidade, e o termo é a vida eterna"* (Rm 6,22), busquemos viver a experiência de Pentecostes, os dons e carismas do Espírito, correspondendo ao chamado do Senhor para nós, que é *"sermos santos"*.

Ao escrever aos cristãos de Roma, São Paulo também se refere a nós, cristãos de hoje, e nos deseja: *"a todos os que estão em Roma, queridos de Deus, chamados a serem santos: a vós, graça e paz da parte de Deus, nosso Pai, e da parte do Senhor Jesus Cristo!"* (Rm 1,7).

Assim, devemos estar plenamente convencidos de que somente neste empenho diário, que implica: conversão e arrependimento, reconciliação e comunhão fraterna, poderemos ser canais da Graça de cura e libertação para tantos irmãos que o Senhor vem colocando em nossas vidas.

Concluímos com a escuta de São João no Livro do Apocalipse: *"Não seles o texto profético deste livro, porque o momento está próximo... Mas o justo faça justiça e o santo santifique-se cada vez mais"*! (Ap 22,10-11).

E que nosso Ministério também provoque em cada irmão o mesmo desejo de procurar e seguir o caminho de santidade, por amor a nosso Salvador Jesus.

b) Vida de Oração

Considerando que, enquanto servos, já fomos conscientizados e estamos buscando caminhar numa vida de oração mais profunda, intensa e responsável, destacamos também como *base de nossa Espiritualidade,* a *Vida de Oração* em seus diferentes aspectos e modalidades.

Deus nos chama para estarmos a Seus pés, e n'Ele permanecermos (cf. Lc 10,38-42). Ao relermos este texto já bem nosso conhecido, em que Marta questiona Jesus a respeito do comportamento de Maria, ainda podemos concluir:

"Maria escolheu a boa parte...". Jesus foi decisivo e certamente não estava enganado... Ora, a *boa parte* é o lado espiritual da vida, o aprender de Jesus, o assentar-se meditativamente a Seus pés. O Senhor Jesus não queria que Marta aprendesse somente a acolhê-Lo corretamente, como hóspede, como também não fazia objeção alguma que ela se ocupasse do trabalho necessário da casa.

Mas Ele simplesmente enfatizou que a vida não consiste em tal forma de serviço, porquanto a vida tem um lado muito superior a isso. Poucas coisas se fazem realmente necessárias para uma existência humana feliz, e, entre essas coisas, a maior e mais necessária é a instrução da alma.

Maria compreendeu isso instintivamente. Marta, por sua vez, prestou um bom serviço material, que sem dúvida Jesus notou e recebeu agradecido; mas o serviço por ela prestado jamais poderia ser considerado o alvo da vida, e certamente não tão importante como aquilo que não pôde afastar Maria da festa da alma em que se encontrava, aos pés de Jesus.

A busca espiritual é algo importantíssimo, podemos afirmar sem medo de errar, que ela é a parte mais importante da existência humana. Ela requer um espírito sincero, maneiras intensas e aplicação diligente. Maria demonstrou isso com sua atitude.

Marta, porém, serve como símbolo de alguém que, embora religioso, se ressente da falta de dedicação e de aplicação diligente aos aspectos mais notáveis da vida natural, não se preocupando com a verdadeira saúde da alma.

Concluímos assim, que, *o primeiro chamado de Jesus para nossa vida é estarmos a Seus pés.*

E, o que significa isso? Nada mais, nada menos, do que termos uma *vida de oração pessoal diária!*

Uma vida de oração intensa, perseverante e responsável que nos leve verdadeiramente à comunhão íntima e à amizade com Deus – tornando-nos assim canais eficazes de Seu Santo Espírito.

Insistimos e orientamos para que todos os servos deste Ministério dinamizem sua vida de oração. Entre as formas e tipos de oração que conhecemos e vivemos, destaca-se a *oração pessoal*, o tempo "gasto" na presença de Deus, *em particular.*

Neste momento podemos nos questionar: Como está nossa vida de oração pessoal? E nossa oração comunitária? Temos tomado a iniciativa de sermos disciplinados em nosso momento de oração? Temos procurado orar sempre mais, vencendo as dificuldades que certamente surgem quando a isso nos dispomos?

Se cremos que tudo é possível através da oração, não nos esqueçamos da orientação de São Paulo: *"Vivei sempre contentes. Orai sem cessar"* (1Ts 5,16). Banhemos nossa vida inteira na Oração, pois ela é a *chave do coração de Deus*. Orar é uma *festa*. Dê essa festa para seu coração, para sua vida!

c) Obediência, sigilo e testemunho

Todos aqueles que sentirem o chamado para seguirem o Senhor no Ministério de Oração por Cura e por Libertação devem exercitar-se espiritualmente na *obediência* ao Senhor, em primeiro lugar; e também àqueles a quem Ele mesmo constitui em autoridade sobre nós.

"Exorta os servos a que sejam submissos a seus senhores e atentos em agradar-lhes... procurem em tudo lhes testemunhar incondicional fidelidade, para que por todos seja respeitada a doutrina de Deus nosso Salvador" (Tt 2,9-10).

Os Coordenadores responsáveis pelo Ministério de Oração por Cura e Libertação têm o dever de discernir os ensinamentos e fazer as correções necessárias para o crescimento espiritual e amadurecimento dos servos, e todos devemos com obediência, aceitá-la. *"Porque o preceito é uma tocha, o ensinamento uma luz, a correção e a disciplina são o caminho da vida"* (Pr 6,23).

Em nossos Encontros procuramos salientar algumas características básicas de comportamento, para os servos deste Ministério: a *obediência* a quem de direito, numa submissão expressa pela dedicação e fortalecida pelo diálogo constante e sincero.

Interessante o que nos fala a Igreja a respeito da obediência do cristão à própria Igreja:

"Feito membro da Igreja, o batizado não pertence mais a si mesmo, mas àquele que morreu e ressuscitou por nós. Logo, é chamado a submeter-se aos outros, a servi--los na comunhão da Igreja, a ser 'obediente e dócil' aos chefes da Igreja e a considerá-los com respeito e afeição" (CIC 1269).

Assim sendo, torna-se claro que os fiéis também devem obediência àqueles que os chefes da Igreja conferiram responsabilidades de Coordenação, em qualquer instância da mesma. Complementa o Catecismo:

"O dever da obediência impõe a todos prestar à autoridade as honras a ela devidas e cercar de respeito e, conforme seu mérito, de gratidão e benevolência as pessoas investidas de autoridade".

No mesmo sentido, aplica-se às pessoas que, assumindo a Coordenação de qualquer Movimento, Pastoral, Ministério etc., na Igreja, estão revestidas de autoridade, devendo, portanto, ser obedecidas por quem de direito.

Como consequência da desobediência, lemos:

"Quanto mais praticar o bem, mais a pessoa se torna livre. Não há verdadeira liberdade a não ser a serviço do bem e da justiça. A escolha da desobediência e do mal é um abuso de liberdade e conduz à escravidão do pecado" (CIC 1733).

Sugerimos a leitura do capítulo 5º da Carta aos Efésios, para refletirmos um pouquinho a respeito dos frutos que auferimos quando obedecemos o Senhor através das pessoas a quem Ele confere autoridade sobre nós: pais, professores, cônjuge, sacerdotes, patrões, coordenadores etc.

E ainda, agora mesmo nos questionamos: Podemos ser reconhecidos como filhos muito amados de Deus? Temos vencido toda forma de impurezas, de idolatrias? Temos sido luz no mundo e para o mundo? Nossa conduta tem sido sóbria e prudente? Temos sido cumpridores de nossos deveres? Enfim, toda a nossa vida é um reflexo da obediência à Palavra de Deus? Ou, em consequência de nosso orgulho, ainda nos é muito difícil obedecer? Nossa rebeldia tem sido motivo de escândalo ou pedra de tropeço para alguns irmãos, e motivo de desunião e contendas?

Por outro lado, precisamos nos conscientizar de que neste Ministério há aspectos, fatos, relatos que não devem ficar no conhecimento de outras pessoas. Se alguns nos confiam coisas suas, de foro íntimo, devemos ser sempre discretos e guardar no segredo de nosso coração essas revelações, mantendo absoluto *sigilo* sobre a vida dos irmãos, sobre aquilo que o Senhor lhes revela também através de nossas orações.

"Não repitas o que ouviste. Não reveles um segredo. Assim estarás verdadeiramente isento de confusão e acharás graça diante de todos os homens" (Eclo 42,1).

Outro texto interessante é a advertência do Profeta Amós: *"Por isso o prudente se cala neste tempo, porque é tempo mau"* (Am 5,13), pois nos faz recordar que também vivemos "tempo mau", e a prudência do *sigilo* em nosso Ministério se faz necessária, e por que não dizer, imprescindível.

Devemos sempre nos questionar: Temos conseguido manter o *sigilo* das particularidades dos irmãos que nos procuram através do Ministério de Oração por Cura e por

Libertação? Não podemos nunca nos esquecer de que o *sigilo* é, em nosso Ministério, um sinal de caridade para com o irmão que partilha seus problemas e dificuldades e ao nos procurar para orientação e intercessão, certamente ele supõe nossa discrição e respeito à privacidade, assim como a de todos aqueles cujos nomes e/ou dificuldades são mencionados enquanto conversamos.

Como componente e *base de nossa espiritualidade,* também pedimos aos servos deste Ministério uma comprometida atitude de *ser testemunha*, podendo sempre que se fizer necessário, relatar fatos e momentos da intervenção do Senhor em sua própria vida e na de sua família, como também na dos irmãos, desde que seja resguardado o anonimato deles.

Somos exortados a sermos verdadeiras *testemunhas* de Jesus Cristo, confessando com valentia Seu nome, sem nunca sentirmos vergonha da Cruz. O Espírito Santo nos dá essa força especial para difundirmos e defendermos a fé pela Palavra e pela Ação.

Podemos ainda refletir no que nos ensinam as Escrituras:

"Desse modo, cercados como estamos de uma tal nuvem de testemunhas, desvencilhemo-nos das cadeias do pecado. Corramos com perseverança ao combate proposto, com o olhar fixo no autor e consumador de nossa fé, Jesus" (Hb 12,1-2).

Alicerçados pela fé que recebemos de nossos pais e através da Igreja, queremos poder dizer como São João:

"... porque a vida se manifestou, e nós a temos visto; damos testemunho e vos anunciamos a vida eterna, que estava no Pai e que se nos manifestou – o que vimos e ouvimos nós vos anunciamos para que também vós tenhais comunhão conosco" (1Jo 1,2-3).

E não só podemos dizer, mas desejamos ver cumprida em nossa vida a promessa feita por Jesus, momentos antes de Sua ascensão aos céus:

"mas descerá sobre vós o Espírito Santo e vos dará força; e sereis minhas testemunhas em Jerusalém, em toda Judeia e Samaria, e até os confins do mundo" (At 1,8).

Temos sido *Suas reais Testemunhas*? Quando foi a última vez que experimentamos a presença do Senhor e O percebemos agindo em nossas vidas, e assim O testemunhamos?

Devemos querer ser essas *testemunhas verdadeiras*, insistimos novamente: não só com palavras, mas também com atos; com o coração e com a vida, na experiência de cada dia e sempre que o Senhor nos pedir, porque Ele verdadeiramente faz maravilhas a nosso favor.

II
METODOLOGIA

Através deste Manual de Orientações, queremos oferecer aos coordenadores deste Ministério a oportunidade de aplicarem este processo de formação, caminho que certamente nos levará a um resultado, ainda que no percurso possamos perceber que ele não tenha sido preestabelecido de modo deliberado ou refletido, mas que foi sendo inspirado pelo próprio Espírito Santo, que é Aquele que verdadeiramente está empenhado em ver toda esta grande obra que é o Movimento da Renovação Carismática Católica *avançar para águas mais profundas.*

Temos diante de nós um Programa de Trabalho que deve ser realizado, que nos fará perceber erros evitáveis, em vista de um resultado que redunde para maior glória de Deus e aprimoramento do exercício deste Ministério tão importante para a Igreja, como vimos constatando.

1. Encontros Nacionais para o Ministério de Oração por Cura e Libertação

Realizados periodicamente, de acordo com o discernimento do(a) Coordenador(a) Nacional do Ministério, e dentro das prioridades do Conselho Nacional. Até o presente momento, temos realizado alguns Encontros, todos gravados ao vivo, mas editados em estúdio, para que todos os que deles não puderam participar possam ter acesso à formação neles contida, tão importante a todos os Coordenadores, em todas as instâncias, quanto aos demais servos de todos os Ministérios.[6]

São eles:

1. Encontro Nacional no Santuário Bizantino, com Pe. Marcelo Rossi, Pe. Jonas Abib e Reinalda dos Reis – 17 a 19 de agosto de 2001: *Lema: Volta ao primeiro amor.*

2. Encontro Nacional para Sacerdotes, com Pe. Rufus Pereira – 21 a 24 de agosto de 2001: *Lema: O sacerdote exercendo a cura e a libertacão em favor de seu povo.*

3. Encontro Nacional de Cura e Libertação para lideranças, com Dr. Philippe Madre – 2 a 5 de maio de 2002: *Lema: "Eu quero: sê curado"* (Mc 1,41).

4. Encontro Nacional dos Ministérios de Intercessão e de Cura e Libertação, com Reinaldo dos Reis, Vicente de Souza Neto, Reinalda dos Reis e Pe. Dario Betancourt – 20 a 23 de março de 2003: *Lema: "Curai os doentes, expulsai os demônios..."* (Mt 10,8).

5. Encontro Nacional de Cura e Libertação para Profissionais da Saúde, com Dr. Philippe Madre – 22 a 25 de abril de 2004: *Lema: "... foi visitá-lo e, orando e impondo-lhe as mãos, sarou-o"* (At 28,7-9).

---

[6] Todo esse material pode ser adquirido pelo Correio. É possível maiores informações sobre eles através de nossa homepage em nosso site: www.rccbrasil.org.br, ou pelo telefone: (0XX15) 3211.3339; ou pelo fax: (0XX15) 3211.3338. Basta fazer um depósito bancário no valor de seu pedido para: Editora Anunciação, Banco do Brasil, Agência Conta Corrente. Enviar comprovante de depósito, seu nome e endereço completos, mais o material solicitado via fax. Em poucos dias você estará recebendo em sua residência seu pedido.

6. Encontro Nacional por Cura Interior – *Agapeterapia*, junho, outubro e dezembro de 2004, com Reinalda dos Reis, e as psicoterapeutas: Dra. Eliane Maria Wedini Rennó e Dra. Eliane Cristina Marques Calsavara, mais Equipe de servos pre-estabelecida.

2. Encontros Estaduais para o Ministério de Oração por Cura e Libertação

Os Coordenadores Estaduais, em discernimento com seu coordenador estadual do Ministério de Oração por Cura e Libertação, e em comunhão com o Conselho Estadual, devem periodicamente organizar Encontros Estaduais por Cura e Libertação, envolvendo a participação de toda a liderança das Dioceses do Estado, para formação, fortalecimento e renovação espiritual de todos, com vistas à unidade do exercício do Ministério em todo o Estado.

Torna-se um momento importante de partilha, congraçamento, planejamento e visão conjunta para os objetivos do Ministério e seu reavivamento ou implantação.

De um modo geral, a Coordenação Nacional é convidada para dirigir esses Encontros, ou consultada quanto a sua viabilidade e direcionamentos.

3. Encontros Diocesanos para o Ministério de Oração por Cura e Libertação

Promovidos em cada Diocese de cada Estado da Federação, com o incentivo, apoio e presença do Coordenador Estadual e organizado por seu coordenador estadual do Ministério com seu Núcleo formador, mais os Coordenadores Diocesanos, os coordenadores diocesanos do Ministério e suas Equipes Auxiliares: para formação específica, partilha e orientações práticas essenciais a todos os servos, com vistas à comunhão e unidade.

É a aplicação do *Módulo Básico,* composto pelos Encontros 1, 2 e 3: apostilados e gravados em CD e K7 sucessivos e complementares.

Agendados de acordo com a solicitação do Coordenador Diocesano e do coordenador diocesano do Ministério em nível diocesano, consultando o coordenador estadual e seu núcleo para agenda e planejamento de cada Encontro, sempre em escuta e discernimento de acordo com a realidade e o momento que vive a Diocese, além de um denodado empenho em implantar, aperfeiçoar e/ou reavivar ainda mais o Ministério no Estado e em suas Dioceses.

Aqui dispomos os temas que devem ser desenvolvidos em cada Módulo de Formação Básica para implantação e reavivamento do Ministério, a partir de pregações e ensinos, e seus objetivos.

MÓDULO BÁSICO

Torna-se fundamental destacarmos novamente que os Encontros de Formação do Módulo Básico para o Ministério de Oração por Cura e Libertação são *sucessivos e complementares*, o que vale dizer: um grupo de servos que inicia esta formação deverá começá-la a partir do Encontro 1, depois participar do Encontro 2 e finalmente completar sua formação básica fazendo o Encontro 3, pois tanto os Lemas quanto os Temas desses Encontros, e suas dinâmicas próprias, são complementares; isto significa que é imprescindível a obediência neste sentido e o controle das Fichas de participação dos servos, para o bem deles mesmos e de todos os demais participantes. Desta forma, insistimos no exercício da caridade dos coordenadores responsáveis, para que sejam firmes e coerentes na missão que o Senhor lhes confere através da obediência a estas orientações.

Para isto é que fizemos este *Manual*, e nos conscientizamos do quanto é importante lê-lo, conhecê-lo, aplicá-lo corretamente, consultá-lo sempre que necessário ou sempre que alguém queira se indispor contra as orientações aqui determinadas.

ENCONTRO 1

LEMA:
EM JESUS O SENTIDO DE NOSSA MISSÃO

"O Espírito do Senhor repousa sobre mim, porque o Senhor consagrou-me pela unção, enviou-me a levar a boa nova aos humildes, curar os corações doloridos, anunciar aos cativos a redenção, aos prisioneiros a liberdade" (Is 61,1).

Numa perspectiva mais ampla, o *Encontro 1* do Módulo Básico tem por objetivo dar aos participantes uma *visão geral* a respeito do Ministério de Oração por Cura e Libertação. Motivado através de dinâmicas próprias, que se vão completando no decorrer dos demais Encontros, iniciamos mostrando sua importância real para a RCC, para a Igreja e para todos os que buscam os servos assim ministeriados.

Faz uma retomada dos temas kerigmáticos, mas com vistas à Cura e à Libertação, enfocando-os de modo a que nos ensinem melhor a respeito do chamado e da missão; e nos motivem, ao ampliar nossa visão, a melhor servirmos orando intensamente pela cura e libertação, nossa e de nossos irmãos.

São estes os estudos sob a forma de palestras

1. A misericórdia do Pai
2. O senhorio de Jesus para servos
3. Vivendo o Batismo no Espírito Santo
4. Visão geral dos Carismas
5. Os dons carismáticos de poder: Fé, Cura e Milagres
6. Os dons carismáticos de entendimento: Palavra de Ciência e Palavra de Sabedoria e Discernimento dos Espíritos.

ENCONTRO 2

LEMA: DEIXAR-SE RENOVAR E SER TESTEMUNHA

Somos chamados e, ao respondermos SIM, nos tornamos escolhidos. Se obedecermos, veremos frutos e teremos recompensa (cf. Jo 15,8).

No *Encontro 2* do Módulo Básico, tanto o Lema quanto os Temas abordados, juntamente com as referidas dinâmicas, centralizam mais particularmente a *Cura*, em suas diferentes formas e dimensões. Sua importância e sua presença real hoje, em nossos Grupos de Oração, Encontros, e demais Eventos promovidos pela RCC.

São estes os estudos sob a forma de palestras

1. Eis que estou à porta e bato
2. Oração pessoal

3. Ser um servo no Ministério de Oração por Cura e Libertação
4. O Dom da Cura e a Operação de Milagres
5. O Dom da Palavra de Ciência e da Palavra de Sabedoria
6. Desmascarando o Acusador.

ENCONTRO 3

LEMA: A BATALHA É DO SENHOR!

"Toda a terra saberá que há um Deus em Israel; e toda essa multidão saberá que não é com a espada nem com a lança que o Senhor triunfa, pois a batalha é do Senhor" (1Sm 17,46b-47).

Por outro lado, na intenção de complementarmos a formação básica do Ministério, o *Encontro 3* do Módulo Básico, em suas dinâmicas, em seu Lema e em seus Temas, aborda de modo mais detalhado a *Libertação,* procurando levar a todos uma compreensão da batalha espiritual que vivemos, e que se intensifica a cada dia, com o aproximar-se dos últimos tempos (cf. CIC 2819).

Não deixando de lado a exortação quanto aos exageros e à necessidade de equilíbrio e bom senso, também dons de Deus, procuramos destacar a importância do Carisma do Discernimento dos espíritos, e do quanto se faz necessário hoje o auxílio ou participação de leigos e leigas neste Ministério, orando por libertação nos níveis de atuação maligna que lhes é permitida pela Igreja, e auxiliando direta ou indiretamente os senhores bispos e/ou sacerdotes por ele designados, nas orações de exorcismo.

São estes os estudos sob a forma de palestras

1. Revestir-se da armadura de Deus
2. Passos para uma libertação pessoal profunda
3. Dificuldades na Oração pelo irmão
4. Orar pelo irmão no Espírito
5. Buscando o discernimento
6. Cura entre gerações.

Após a conclusão desta etapa de Encontros de Formação Básica em nível estadual e diocesano, o Ministério de Oração por Cura e Libertação *estará oficialmente implantado na Diocese*, e o Coordenador Diocesano do Ministério contará com um Núcleo Diocesano que vivenciou a mesma formação e passou pela renovação de seu Batismo no Espírito Santo.

Juntos se responsabilizarão por dar continuidade aos novos Encontros que forem sendo agendados, e também darão assistência contínua aos servos que, exercendo o Ministério, precisarão, ao menos de tempos em tempos, de um acompanhamento mais direto, tanto nos Grupos de Oração quanto nos locais determinados de Atendimento.

4. Encontros locais

A serem ministrados pelo coordenador diocesano do Ministério e seu representante local, juntamente com os auxiliares de cada Grupo de Oração e do Grupo de Intercessão.

Envolvendo todos aqueles que já exercem o Ministério de Cura e Libertação nos Grupos de Oração ou no "Ministério de Orientação e Intercessão", e que possam multiplicar as orientações nos Grupos de Oração unidos aos Grupos de Intercessão. Que haja momentos extensos de Oração Pessoal e Comunitária para escuta do Plano do Senhor. Oferecer formação apropriada, que atinja as necessidades dos servos e venha em resposta às dúvidas e dificuldades deles, num processo contínuo e sucessivo.

5. Encontros de Aprofundamento sobre o Ministério de Oração por Cura e Libertação – para servos

Após a realização dos Três Encontros de Formação, o Módulo Básico, vimos a necessidade de prosseguir na formação dos servos, tanto dos que exercem diretamente este serviço, quanto a todos os demais servos nos diferentes Ministérios dentro da RCC do Brasil.

Estes Temas foram sendo estudados e elaborados, de acordo com as necessidades dos servos e dos objetivos do Ministério, e também de forma a complementar os Temas abordados nos Encontros acima explicitados.

São estes os estudos sob a forma de palestras

a) Combate Espiritual

É a Igreja quem nos adverte a respeito da existência de um combate espiritual a ser travado por cada cristão que caminha em processo de conversão.

Hoje constatamos que esse combate promete intensificar-se conforme a volta de Nosso Senhor Jesus Cristo for se aproximando. Principalmente para os que buscam a santidade, o confronto é intenso.

Que combate é esse?

A Palavra de Deus declara que enfrentamos três inimigos, que procuram derrotar o cristão, impedi-lo de crescer espiritualmente:

1º) A carne – natureza pecadora.
2º) O mundo – toda ordem social que não se rende a Jesus.
3º) O diabo (palavra grega = dia – bolos) ou satanás (palavra hebraica) – o inimigo que existe e aflige o homem.

O cristão que não se familiariza com o combate espiritual será, logicamente, um soldado fraco de Jesus Cristo. Os inimigos do cristão estão ocupados contra ele sem precedentes. Os cristãos encontram-se sob um ataque concentrado desses três inimigos, nestes tempos modernos.

Portanto, é um estudo de suma importância para todos os servos, pois traz esclarecimentos práticos e essenciais para todos os cristãos que procuram viver o Evangelho.

b) Como exercer o Ministério de Oração por Cura e Libertação
- Um estudo sobre o Profetismo
- O Profeta Eliseu e seu Ministério

O *Profetismo* é um estudo da presença e da atuação dos Profetas na vida do povo de Israel, portanto, sua importância na História da Salvação.

Os *Profetas* são *homens de ação*: conselheiros, pregadores, anunciadores da causa de Yaweh. Sua vida é uma luta, cheia de perigos. Sem esperar que os venham consultar, vão às praças, templos, assembleias religiosas a fim de anunciar as Escrituras e manifestar a vontade de Yaweh para com Seu povo.

Eles abrem uma perspectiva de Restauração e de Salvação: criticam o culto hipócrita e formalista, a idolatria, as injustiças sociais, a corrupção dos costumes. Anunciam os castigos divinos com o fim de provocar a conversão do povo e de conduzi-lo a Deus.

Anunciam o Deus cheio de amor, de compaixão, de fidelidade e que os adverte e os pode castigar. O Deus cheio de promessa de reconstrução, o Deus que os protege.

O último dos Profetas e maior deles: *João Batista*, adentra na plenitude dos tempos. *"Então por que fostes para lá? Para ver um profeta? Sim digo-vos eu, mais que um profeta. É dele que está escrito: Eis que eu envio meu mensageiro diante de ti para te preparar o caminho* (Ml 3,1). *Em verdade vos digo: entre os filhos das mulheres, não surgiu outro maior que João Batista. No entanto, o menor no Reino dos céus é maior do que ele. Porque os profetas e a lei tiveram a palavra até João"* (Mt 11,9-11.13). Encerra-se o Profetismo institucional, concedido pelo Espírito com vistas à vinda do Messias.

Após o Pentecostes histórico, inicia-se o Profetismo carismático, pois todo cristão batizado, em comunhão com a Igreja e com seus pastores, participa dessa missão profética, e deve deixar-se santificar pela viva presença do Espírito Santo em seu ser e com docilidade tornar-se também instrumento de Sua Palavra, ajudando os Cristãos a perceberem mais perfeitamente Suas riquezas. Vivemos o Profetismo Carismático, mencionado por São Paulo: *"a outro, o dom de milagres; a outro, a profecia; a outro, o discernimento dos espíritos; a outro, a variedade de línguas; a outro, por fim, a interpretação de línguas. Empenhai-vos em procurar a caridade. Aspirai igualmente aos dons espirituais, mas sobretudo ao de profecia"* (1Cor 12,10; 14,1), cuja essência se exerce com vistas ao final dos tempos, a Parusia, e de modo individual com vistas à conversão.

Ao exercermos o Ministério de Oração por Cura e Libertação temos como missão primordial a evangelização, e a partir dela a manifestação viva do poder do Evangelho e da presença viva do Ressuscitado, curando e libertando, hoje. Podemos perceber, só por esta pequena síntese, a importância deste estudo para todos os servos que estão empenhados em se manter em processo de formação contínua para melhor servir o Senhor em Sua Igreja.

c) Palavra do Senhor para os Servos do Ministério de Oração por Cura Interior e Libertação – 2004

Todos aqueles que em nosso tão grande território nacional estão servindo o Senhor no exercício do Ministério de Oração por Cura e por Libertação, dentro do Movimento da Renovação Carismática Católica, através de seus Grupos de Oração, somos chamados a nos organizarmos e a permanecermos unidos.

É a Ofensiva Nacional nos orientando a caminharmos na unidade, com um mesmo objetivo e missão: anunciarmos Jesus vivo, curando e libertando aqueles que O buscam através de nossos Grupos de Oração e de nossos locais de Atendimento, organizados segundo uma adequada formação.

Para este ano de 2003 e 2004, o Senhor nos inspira através de Sua Palavra: Livro de Neemias, capítulos 3º e 4º.

Como Neemias, somos exortados a *reconstruir o muro*! Sabemos que o Muro, para a cidade de Jerusalém, representava a identidade do povo escolhido, sua unidade política, sua unidade na fé, sob uma mesma lei, a Lei de Yaweh.

O que nos identifica como povo resgatado pelo Sangue Preciosíssimo de Jesus? A fé em nossos corações. Assim o Senhor está nos exortando a reconstruirmos a fé pura, verdadeira, nos corações de nossos irmãos que vêm aos Grupos de Oração, vacilantes, confusos por tantas falsas religiões, por filosofias enganadoras, por tanta superstição. Resgatarmos em seus corações a fé, que é dom pessoal, é graça a se buscar e alimentar; a fé carismática que se manifesta em obras, e que nos torna fiéis e perseverantes na vida de cristãos.

Qual a matéria-prima de que necessitamos para reconstruir a fé nos corações? As *pedras*: nosso testemunho pelo sofrimento, quando enfrentamos na fé todas as dificuldades, sofrimentos, perseguições, unidos a Jesus e por amor a Ele.

E, qual a *argamassa* que utilizaremos para ligar as pedras entre si, e assim reconstruirmos um "muro" forte? É o ensino da Palavra, a formação tão necessária para nos firmarmos a nós e a nossos irmãos na fé e nas obras que são Plano de Deus para nós. E que obras são essas? O próprio Ministério de Oração por Cura e Libertação, e os locais de *Atendimento organizado e estruturado* como o próprio Senhor nos tem inspirado.

Para tudo isto, reforça-nos São Paulo: *"Exorto-vos, pois, – prisioneiro que sou pela causa do Senhor –, que leveis uma vida digna da vocação à qual fostes chamados, com toda a humildade e amabilidade, com grandeza de alma, suportando--vos mutuamente com caridade. Sede solícitos em conservar a unidade do Espírito no vínculo da paz. Sede um só corpo e um só espírito, assim como fostes chamados pela vossa vocação a uma só esperança. Há um só Senhor, uma só fé, um só batismo. Há um só Deus e Pai de todos, que atua acima de todos, por todos e em todos"* (Ef 4,1-6).

Palavras de conteúdo muito importante para todos nós, e que ninguém pode deixar de refletir e viver, pois somos chamados, cada um, como cristãos, ao privilégio da redenção, enquanto Igreja, participando de seus mistérios, e exercendo com zelo o Ministério para o qual fomos chamados.

d) Cuidai que ninguém vos engane

Esta advertência feita por Jesus – *"Cuidai que ninguém vos engane!"* – está inserida num contexto sobre falsos ensinamentos, em que Ele acrescenta o seguinte: *"Muitos virão em Meu nome, dizendo: sou eu. E seduzirão a muitos"* (Mc 13,1-23).

O mesmo relato encontramos em São Mateus: *"Cuidai que ninguém vos seduza. Muitos virão em Meu nome, dizendo: sou eu o Cristo, e seduzirão a muitos... Se alguém vos disser: eis, aqui está o Cristo! ou, ei-lo acolá!, não creiais. Porque se levantarão falsos cristos e falsos profetas, que farão milagres a ponto de seduzir, se isto fosse possível, até mesmo os escolhidos"* (Mt 24,4-5.23-24).

A Igreja sempre levou muito a sério essa advertência de Jesus e em toda a sua história esteve atenta contra falsos ensinamentos. *"Tirai Deus e o mundo encher-se-á de ídolos..."* afirma um autor contemporâneo.

O ocultismo é a verdadeira religião de Satanás, aquilo que se opõe ao verdadeiro Deus e à verdadeira religião, estimulando o homem a estudar e procurar uma explicação racional de tudo o que não é objeto de seu conhecimento. Para tomarmos consciência dessas afirmações, temos de partir dos fundamentos de nossa fé, baseada na Revelação contida nas Sagradas Escrituras, no Magistério da Igreja e na Tradição.

Se tentarmos definir o Ocultismo, poderemos afirmar de modo substancial: é acreditar na existência de entes ou forças não experimentáveis no plano normal da sensibilidade, mas através dos quais é possível *dominar tudo*, utilizando práticas específicas que se aprendem mediante a investigação, a iniciação, o exercício.

Quem se dedica ao Ocultismo julga adquirir conhecimentos e poderes que os outros não têm e que estão para além das forças físicas ou racionais: leitura do pensamento, materialização de objetos, conhecimento do futuro, influências benéficas ou maléficas sobre quem quiser, contato direto com os espíritos, relacionamento com os mortos, com os **O**bjetos **V**oadores **N**ão **I**dentificados (os **OVNI**), com os extraterrestres e outras coisas do gênero.

É preciso que os cristãos se defendam do Ocultismo, (o que não é fácil nestes tempos em que vivemos...), através de uma nova evangelização, de muita formação religiosa autêntica e de muita informação, e ouvindo as pessoas.

Além do próprio Ocultismo, que vemos se alastrando progressivamente em todos os ambientes, existem ainda mais tantas falsas religiões, tantas seitas, ideologias errôneas, filosofias que só trazem confusão e desvios na religiosidade do homem, contaminando-o espiritualmente.

Este Tema de Aprofundamento, tão atual, precisa estar na formação de todos nós que vivemos estes tempos de combate espiritual, para ajudarmos todos que de nós se achegarem com essas influências, a delas se livrarem o mais rápido possível, porque o momento está próximo (cf. Ap 22,10).

e) Alerta contra o Satanismo

Por outro lado, o ponto culminante da aberração humana e do afastamento do homem em relação a Deus é a existência do satanismo, em sua horrenda realidade.

Satanás existe e o satanismo também; mas foi vencido por Jesus Cristo, que veio para destruir as obras do diabo (cf. 1Jo 3,8b). E, se o satanismo existe, precisamos olhá-lo de frente, nos precavermos, e dele resgatarmos até muitos cristãos já envolvidos de modo impessoal, vivendo sem leis, sem freios, sem controle, sentindo-se patrão absoluto e dominador das leis naturais, dos poderes cósmicos.

Tanto no Antigo, como no Novo Testamento, são constantes as chamadas de atenção para o *caráter ilícito dos cultos a Satanás*. No centro da condenação bíblica está a consciência de que eles comportam uma recusa do único e verdadeiro Deus, é um ser pervertido e pervertedor. É o Senhorio de Deus sobre Seu povo que está em causa: *"Eu sou o Senhor, não há outro salvador para além de Mim"* (Is 43,11).

No Livro do Deuteronômio está escrito: *"Temerás o Senhor, teu Deus, prestar-lhe-ás o teu culto e só jurarás por Seu Nome. Não seguirás a outros deuses entre os das nações que te cercam, porque o Senhor, teu Deus, que mora no meio de ti, é um Deus zeloso; sua cólera se inflamaria contra ti e te apagaria de sobre a terra"* (Dt 6,13-15).

Satanás pretende ser mais forte do que Deus e dar ao homem sua felicidade, mas para isso exige um culto, sacerdotes, consagrados, sacrifícios. E que felicidade é essa que ele oferece, e que hoje tem tanto sucesso, principalmente entre os jovens? *"o fruto proibido"*: (Gn 3,1-4) a satisfação das três paixões – o poder, a riqueza e o prazer. Foi também nessas três paixões que Jesus foi astutamente tentado (cf. Mt 4,1-11).

Quanto mais nós, cristãos que procuramos seguir os Mandamentos e dar testemunho de Nosso Senhor? (cf. Ap 12,17). Sutilmente o enganador mentiroso vem tentando, dissimulando, preparando ciladas e armadilhas para nos desviar do caminho da salvação.

Em nossos dias estão crescendo os chamados cultos satânicos, que se caracterizam por dois aspectos fundamentais: reconhecimento do poder de Satanás sobre o poder de Deus, e ao mesmo tempo a exaltação da morte em suas diversas manifestações.

O problema do satanismo é real, e envolve não só o aspecto religioso, mas diz respeito também a outros aspectos da vida pública. É uma necessidade premente estarmos alertas e darmos um alerta geral contra as seitas satânicas e seus seguidores. Neste estudo é o que estamos fazendo, depois de profundo esclarecimento a respeito do assunto.

f) Vida em abundância

Encontramos nos Evangelhos uma afirmação categórica de Jesus, clara a tal ponto de não nos deixar qualquer sombra de dúvida: *"Eu vim para que as ovelhas tenham vida e a tenham em abundância"* (Jo 10,10b).

Com Suas palavras, lembramo-nos do Salmo do *Bom Pastor* (22-23). Ao conversar com Seus discípulos, Ele se autodenomina como o único, o verdadeiro, o *BOM PASTOR!*

Através deste estudo, procuramos refletir a respeito da sociedade israelita de então, quando criava ovelhas, e do relacionamento do pastor com elas. De modo interessante vamos percebendo nessa imagem comparativa que Jesus faz de si mesmo ao pastor de ovelhas, o quanto Ele quer nos demonstrar sempre mais Seu amor, Sua providência, Seu cuidado, Sua alegria por nos ter como Suas ovelhas.

E isto é dar vida plena! Já nesta existência efêmera, Jesus nos quer fazer experimentar, nem que seja um pouquinho, desta *abundância de vida* que somente ele nos pode dar e que veio nos trazer ao se encarnar como um de nós, para dar-nos Sua vida, e assim podermos a partir de então, como batizados, ter hoje participação em Sua natureza e em Sua vida divina. Aleluia!

Podemos também nos ver como Suas ovelhas e refletir se realmente O temos como nosso único Pastor.

A *vida em abundância* não exclui a presença do sofrimento, nem tampouco os sinais da Cruz em nossas vidas. Portanto, nele também abordamos de um modo simples, porém esclarecedor, qual o sentido do sofrimento humano, conforme a Carta Apostólica: "Salvifici Doloris". [7]

Nesta pequena síntese já podemos perceber a riqueza e a importância deste tema para todos os servos, especialmente para os que oram por cura e libertação.

g) Obstáculos ao exercício do Ministério de Oração por Cura e Libertação

Dizer que vivemos em perpétua alegria enquanto estamos nesta vida, mesmo sendo já consagrados a nosso Senhor Jesus e a Maria Santíssima, mesmo depois de termos assumido um

---
[7] Indicada na Bibliografia, n.º 54.

Ministério e estarmos procurando exercê-lo com zelo, seria tapar o sol com a peneira!

Há uma razão profunda para nossa alegria, – que foi também a de Cristo: em grau mais rico e elevado, é claro, – mesmo em meio às dificuldades e diante dos obstáculos que se nos apresentam cada dia: *é a certeza do Amor que nos criou e nos quer para si*. E podemos ainda acrescentar: *"e também a moção interior do Espírito Santificador em nós que nos convence desta realidade pelo dom da fé, e que no Ressuscitado nos garante vitória!"* Aleluia!

São muitos os obstáculos que precisamos ultrapassar em nossa ascese espiritual, e durante o período em que Ele nos convoca para uma missão. Estes, como todos podemos constatar, surgem um após outro, sem descanso, sem trégua! E, de nossa parte, não podemos vacilar, nem desanimar enquanto prosseguimos nossa jornada árdua e tão longa.

O primeiro obstáculo somos nós mesmos. E, a partir de nós, uma vasta lista deles vai sendo enumerada e acompanhada com algumas sugestões práticas de como transpô-los.

Quanta cruz silenciosa por este mundo afora! Silenciosa por heroísmo, silenciosa por solidão. O Pai nos quer conduzir a Sua glória, que será também a nossa, e a de todos aqueles a quem O anunciarmos. Ele conhece melhor o caminho, que é especial para cada um, e devemos deixar que o Pai nos leve, sentindo-nos protegidos por Seus braços, através de todos os obstáculos e túneis que levam ao lar celestial, a Ele mesmo!

Enfim, é preciso olharmos de frente, reconhecermos que há obstáculos a serem ultrapassados, mas *"porque a Deus nenhuma coisa é impossível"* (cf. Lc 1,37),[8] confiarmos que o impossível Ele fará; e que, na medida em que consolarmos seremos consolados, e que é dando que se recebe!

---

[8] Na fala do Arcanjo Gabriel à Virgem Maria.

6. O Ministério de Oração por Cura e Libertação no Grupo de Oração

Dentre os serviços prestados pelos servos do Núcleo do Grupo de Oração, estão o da acolhida e o da intercessão.

Quando alguém vem ao Grupo de Oração para dele participar, deve ser muito bem acolhido, não somente no momento de sua chegada nem apenas no primeiro dia, mas, cada vez que comparecer deve sentir-se esperado, amado, aceito pelo Grupo.

Algumas pessoas devem estar especialmente atentas para perceber quando alguém se ausenta do Grupo por algum tempo, e depois retorna, e procurar saber dela se está tudo bem, se ela gostaria de partilhar alguma dúvida ou dificuldade que venha tendo.

Este é o primeiro serviço que o *Ministério de Oração por Cura e Libertação* deve prestar no GO. Se alguém desejar conversar particularmente e receber orientação e oração específica, então os servos ministeriados na Oração por Cura e por Libertação é que acompanharão essas pessoas, escutando-as atentamente, orando por elas (do modo como chamamos: "com imposição de mãos"), orientando-as na fé, na vida sacramental, no engajamento da vida comunitária; e acompanhando-as o tempo que se fizer necessário para que estejam fortalecidas e renovadas.

Por outro lado, enquanto acontece o Grupo de Oração, os servos ministeriados na Oração por Cura e Libertação devem participar normalmente, mas sempre atentos no caso de algum participante manifestar um mal-estar físico ou psicológico, ou estar sob alguma forma de atuação maligna. Sua função nesse momento é manter a serenidade, o Grupo deve continuar normalmente, e só eventualmente essa pessoa deve ser retirada do GO, para um local onde poderá ser atendida. Caso isso se faça necessário, é indicado que o mais rápido possível ela retorne ao GO, pois é *no Grupo* que o Senhor age poderosamente, pela pregação da Palavra, pelo louvor, pela intercessão, e pela própria Oração por Cura e Libertação que, quando inspirada pelo Espírito, acontece durante o Grupo: oração por cura interior, ou por cura física ou mesmo psíquica.

Destacamos ainda que, se o Núcleo do GO discernir que acontecerá um momento específico de Oração por Cura e/ou Libertação durante o Grupo, deve-se dar oportunidade aos servos formados pelo Ministério para que dirijam esses momentos, sempre que se fizer necessário e houver condições para isso.

Se um servo do Ministério de Oração por Cura e Libertação está impedido de exercer seu Ministério em seu Grupo de Oração, deve-se saber quais as causas disso, pois, se esse servo caminha em verdadeira comunhão com os responsáveis pelo Ministério e em comunhão com o núcleo de seu Grupo de Oração, e se nesse Grupo existe o Ministério, ele deve exercê-lo. As dificuldades, sejam elas quais forem, devem ser resolvidas com caridade, sob a luz do Espírito Santo.

7. Reuniões de Formação e Partilha

As reuniões periódicas, – semanais, quinzenais ou mensais – de acordo com a necessidade, disponibilidade e experiência dos servos –, devem ser discernidas pelos responsáveis, e são necessárias para todas as Equipes que estão iniciando a formação do Ministério de Oração por Cura e Libertação, e também para aquelas que já estão exercendo o Ministério.

Preparadas pelos Coordenadores, nas diferentes instâncias de coordenação, – vale dizer: seja ela estadual, diocesana, nas cidades da diocese ou do Grupo de Oração ou núcleo da Equipe do *Atendimento*, essas reuniões visam a amorização entre os servos do Ministério, além de uma grande oportunidade de partilha das dificuldades e dos frutos que, na prática eles vêm colhendo; além de oferecer a possibilidade de estudos específicos, temas sobre os quais eles estejam precisando de maior esclarecimento, e que podem ser ministrados pelo próprio coordenador ou por alguém por ele designado.

Possibilitam também o caminhar na unidade e num Planejamento conjunto das atividades.

8. Seminários por Cura e Libertação

Os Coordenadores de Grupo de Oração, auxiliados por seu núcleo, e muito particularmente pelo responsável pelo Ministério de Oração por Cura e Libertação da cidade ou da Diocese, poderão organizar, periodicamente, Seminários por Cura e Libertação.

Esses Seminários são apropriados para Grupos onde ainda não se tenha o *Atendimento* organizado, nem servos suficientes para formá-lo. A programação de um Seminário também favorece o surgimento de novos servos, que poderão ser agregados a um trabalho já existente.

Eles podem ser ministrados no próprio Grupo de Oração, ou em outro dia, local e horário predeterminados e comunicados aos membros dos Grupos de Oração e a todos que tenham interesse em aprender algo mais sobre esse Ministério.

Aqueles que se dispuserem a ministrar os Temas do Seminário deverão preparar-se através de todo o nosso material de formação, pois o conteúdo deles está todo, de certa forma, diluído nas Apostilas e nos Temas de Aprofundamento. Além de poder aprofundar-se através da bibliografia indicada neste Manual.

Sugerimos alguns estudos sob a forma de palestras:

- *Fidelidade à graça da Renovação Carismática Católica* – as moções do Espírito Santo para o Conselho Nacional, atuais Projetos.
- *O Ministério de Oração por Cura e Libertação na RCC do Brasil* – surgimento, fundamentação e necessidade.
- *O Ministério de Cura na vida de Jesus.*
- *A oração por Cura* – o que significa, quando e onde acontece.
- *Os Anjos* – quem são, qual sua missão.
- *Os Anjos decaídos* – quem são, como agem, a importância da vigilância.
- *O Ministério de Libertação na vida de Jesus.*
- *A oração por Libertação* – o que significa, quando e onde acontece.
- *A Oração de poder pelo fogo – a Queima* – o que é, como e por que fazê-la.
- *O sentido cristão do sofrimento humano* – a Encíclica.
- *Carismas e Ministérios* – o que são, quais as diferenças e importância dos mesmos.
- *Como se organizar o Ministério no Grupo de Oração* – ou entre vários Grupos que se agreguem, as orientações essenciais para seguirmos em unidade.
- *Ser um servo no Ministério de Oração por Cura e Libertação* – quem é chamado, quais as características principais de um servo desse Ministério.

9. Dias de Oração, Cura e Libertação

Esses Dias de Oração, Cura e Libertação são próprios para locais onde ainda não se tenham servos para o Ministério, ou para ajudar no fortalecimento dos núcleos dos Grupos de Oração e também das Equipes do Conselho Estadual ou do Diocesano, além das diversas Equipes de Serviço.

De um modo geral, sugerimos que, solicitados os servos do Ministério de Oração por Cura e Libertação, para a realização de um *"Dia de Oração, Cura e Libertação"* para os Coordenadores, Equipes de Trabalho e/ou participantes dos Grupos de Oração, eles sejam ministrados em nível diocesano ou local, pelos Coordenadores Diocesanos do Ministério auxiliados por seus representantes locais, e que cada dia seja programado com um esquema adequado à realidade e ao momento que estão vivendo enquanto RCC.

Temos algumas orientações para essa programação e para sua preparação.

1. Recomendamos, se possível, que se realizem na seguinte ordem:

a) Coordenação e lideranças – em nível Diocesano e/ou Local.

b) Coordenação e lideranças dos Grupos de Oração e Intercessão.

c) Membros dos Grupos de Oração e Intercessão – por cidade, setor ou paróquia.

Na realidade, essa opção de se orar juntos um dia inteiro, confiantes no amor curativo de Jesus, foi surgindo a partir da necessidade de muitos servos, principalmente Coordenadores, que, no processo de doação aos irmãos, acabam por se esquecerem de si mesmos e de também reconhecerem que precisam orar mais e mais e se deixarem curar por Jesus, para que assim suas forças físicas e espirituais sejam revigoradas.

Como a programação desse dia depende muito da realidade, da disponibilidade e do passo de caminhada em que estão os participantes, temos algumas sugestões que, certamente, são para ajudar os responsáveis pelo Evento a bem conduzi-lo, para a glória do Senhor e bênçãos ricas e abundantes para os irmãos. Queremos destacar:

2. Que a Equipe responsável se reúna para discernimento, intercessão, escuta. Possam destacar os textos bíblicos orientados pelo Senhor e as orações próprias a serem feitas nesse dia, por todos. O número de reuniões deve variar de acordo com a necessidade da Equipe que vai Coordenar esse dia. O importante é que haja bastante amorização entre seus membros, que orem uns pelos outros nas reuniões e depois delas, para que todos sejam canais eficazes da graça do Senhor para os outros irmãos. Estejam buscando a unidade, a vontade do Pai e a edificação de todos. A decisão da escolha de quem irá coordenar esse dia, as orações, a pregação, os diversos momentos, deve ser feita no Senhor, com muito respeito e aceitação, não se esquecendo de que o que importa é que tudo seja para a glória de Deus, e que os que assumirem a "linha de frente" devem estar exercendo o Ministério de Cura e Libertação, sendo formados de acordo com a Metodologia já indicada.

3. Convidar sempre pessoas dos Grupos de Oração ou Servos para participarem desse dia. Pessoas que assim inseridas possam dar continuidade a esse processo de Cura e Libertação que o Senhor está realizando em suas vidas, possam perseverar na oração diária, na participação dos Sacramentos, na conversão contínua, e virem a se tornar servos atuantes, autênticos.

4. Escolher local adequado, que favoreça o recolhimento espiritual. Sempre que possível diante do Santíssimo, numa Capela, Igreja ou sala preparada para esse dia. Estejamos conscientes de que um lugar preparado com carinho propicia a graça do Senhor a tocar nos corações; o rendimento e os frutos serão, certamente, maiores e melhores.

5. Providenciar um Sacerdote, sempre que possível, para que haja *Celebração Eucarística* para os participantes.

6. Colocar em faixas – letras grandes – algumas palavras de discernimento e espalhar pelo recinto. A disposição dessas faixas e tudo que visar acolher bem os irmãos devem ser levados à introspecção e à meditação, e com certeza colaborarão para que experienciem a presença do Senhor.

7. Sempre se prepare um momento final de Oração de Efusão. Todos os nossos Encontros dos Ministérios da Ofensiva Nacional devem levar-nos à repleção do Espírito. Portanto, é imprescindível e insubstituível um momento forte pedindo o Batismo no Espírito para todos. Inclusive, por haver muita libertação nesse dia, não podemos deixar "espaços vazios" nos corações, mas plenificá-los da unção, do poder do Espírito Santo, para que toda obra realizada pelo Senhor em cada participante não pare nesse dia, mas se confirme cada vez mais.

8. Desde que haja discernimento para a realização desse dia, convocar Equipe de Intercessão, e que durante o "Dia de Oração, Cura e Libertação", ela seja contínua e feita por pessoas deste Ministério. E que, dentro do possível, essa Intercessão seja feita diante do Santíssimo, com muito Louvor, Orações de Combate, e Ações de Graças. Na medida em que os intercessores forem recebendo Palavras de Ciência, confirmações nas Escrituras, direção do Senhor, deverão encaminhá-las para a Coordenação, que irá discerni-las, e com certeza serão de muita ajuda para todos.

9. Esse "Dia de Oração, Cura e Libertação" pode ser realizado para HOMENS, convidando-se apenas homens participantes de Grupo de Oração, e discernindo-se se somente homens casados, se também os separados, viúvos, solteiros, de acordo com a Equipe que orientará o Encontro. Essa equipe deverá ser

composta somente por homens. Assim também pode ser preparado o "Dia de Oração, Cura e Libertação para Mulheres". O direcionamento do dia deve ser dado por aquelas que o ministrarão e conforme as demais orientações.

Temos visto muito resultado quando também oferecemos a oportunidade de nos reunirmos assim, separando homens de mulheres e tendo maior liberdade e abertura para orarmos por dificuldades próprias de cada sexo.

10. Temos algumas orientações quanto ao material a ser utilizado durante esse dia, por todos:

a) O livro *"Orações Selecionadas de Cura, Libertação e Intercessão"*, da Diocese de Sorocaba, obtidos através da Distribuidora Loyola.

b) Textos de reflexão que estão anexados ao final deste Manual, ou outros que possam ser escolhidos de acordo com a realidade do Grupo e de suas necessidades, discernidos em oração de escuta, e para serem aplicados no início do dia, com a intenção de levar os participantes a uma reflexão pessoal, ao silêncio interior e a uma conclusão daquilo que o Senhor quer dizer-lhes pessoalmente.

c) Cronogramas práticos que servem como roteiros, contendo horário, tipos de orações a serem feitas, ensino a ser ministrado etc. e que devem ser adaptados à realidade do local e do momento em que está sendo realizado esse "Dia de Oração, Cura e Libertação", após discernimento feito pela Equipe de Coordenação reunida.

d) Livrete: *"Oração de poder pelo fogo: a Queima!"*, que está à disposição na Distribuidora Loyola, e que deve ser divulgado e explicado para todos os participantes, para que continuem depois em suas casas, núcleos e grupos a fazer essa Oração de poder.

e) Que todos tenham a *Folha de Cantos;* e o Ministério de Música deve estar preparado para os Cantos de Combate, próprios do Ministério, cujas letras estão no final das Apostilas de Formação Básica e procurem aprendê-los, utilizando uma Pasta de Cantos cifrados e também pautados, e que pode ser facilmente adquirida. [9]

Vamos nos organizando, nos comunicando sempre que se fizer necessário, buscando a unidade na paz e na edificação do Corpo de Cristo, que é Sua Igreja, *nossa Mãe Igreja*! Contamos muito com todos vocês, que neste imenso Brasil estão empenhados em ver a graça acontecer, um Novo Pentecostes fazer desta Nação um povo consagrado, cheio do poder do Espírito, que clame: *Maranathá! Vem, Senhor Jesus! Aleluia!*

10. Curso Contínuo para Servos

Sugiro que se organizem *Cursos intensivos para formação de servos*, repassados semanalmente em período determinado pelo Coordenador do Ministério nas Cidades e/ou Grupos de Oração, de acordo com a necessidade e realidade que estão vivendo, pois eles darão continuidade à Formação Básica; e que os Coordenadores de Grupo de Oração se empenhem em valorizar mais os servos preparados para trabalharem com maior dinamismo em vistas da ampliação do Projeto do Ministério de Oração por Cura e Libertação na RCC.

---

[9] Todo esse material pode ser adquirido pelo Correio. É possível ter maiores informações sobre eles através de nossa homepage em nosso site: www.rccbrasil.org.br, ou pelo telefone: (0XX15) 3211.3339; ou pelo fax: (0XX15) 3211.3338. Basta fazer um depósito bancário no valor de seu pedido para: Editora Anunciação. Banco do Brasil, Agência/ Conta Corrente. Enviar comprovante de depósito, seu nome e endereço completos, mais o material solicitado via fax. Em poucos dias você estará recebendo em sua residência seu pedido.

Eles são próprios e indicados para os servos que já concluíram o Módulo de Formação Básica, de Três Encontros, e para os servos perseverantes no Ministério e que atuam nos locais de Atendimento.

Já havíamos iniciado em nossa Arquidiocese de origem, Sorocaba, há alguns anos, este Projeto, e começamos a elaborar uma Apostila que foi sendo repassada da seguinte forma: como um pequeno *Curso Intensivo* de três meses ou como um *Curso Extensivo* de 18 meses.

Continua sendo ministrado por uma Equipe de voluntários que se responsabilizou por dar continuidade a este trabalho, devido ao interesse dos servos em geral de dela participarem. Com material elaborado ainda de modo primário, mas em comunhão com a Formação Básica das Apostilas e direcionamentos da Coordenação Nacional do Ministério, com vistas a que todos nos formemos na unidade, dentro da orientação da Igreja, nas Sagradas Escrituras e em Comunidade, sendo meio através do qual os servos continuam a ter assistência pessoal e aperfeiçoamento no exercício do Ministério.

Este Curso permanece como uma sugestão a ser desenvolvida de modo mais sistemático e organizado em nível nacional.

III
FORMAÇÃO DO ATENDIMENTO FEITO PELO MINISTÉRIO DE ORIENTAÇÃO, INTERCESSÃO E ORAÇÃO POR CURA E LIBERTAÇÃO

A Coordenação Nacional do Ministério de Oração por Cura e Libertação, sob a orientação do Conselho Nacional, tem orientado clara e expressamente que as Equipes de servos deste Ministério devem organizar-se, de acordo com suas possibilidades, sempre com empenho em buscar a unidade e a melhor qualidade no atendimento às pessoas.

Esse *Atendimento* é o que temos chamado de *"Plantão de Oração"* ou *"Atendimento de Oração"* ou *"Oração depois do Grupo de Oração"* para aqueles que solicitam etc.

Como organizá-lo:

1º) Sob a orientação do Coordenador Diocesano ou de seu representante: o Coordenador Diocesano do Ministério, que sempre estará em comunhão com o Coordenador Estadual do Ministério de Oração por Cura e Libertação.

2º) Quando alguns servos já estiverem caminhando na formação indicada pelo (a) Coordenador (a) Nacional do Ministério, em comunhão com o Conselho Nacional da RCC.

Caso esse Atendimento já esteja acontecendo, o que é realidade em muitos Grupos de Oração, Cidades e Dioceses, é preciso que os membros atuantes nesses Atendimentos, orem, estudem e reflitam a respeito das mudanças gradativas ou imediatas que devam ir fazendo no modo como vêm exercendo o Ministério nos locais de Atendimento. Com simplicidade, humildade e comunhão no Espírito, visando a unidade e o verdadeiro espírito de Igreja.

3º) Com autorização – e sempre dentro das possibilidades, com o acompanhamento de um Sacerdote e de profissionais da saúde (médicos, psicólogos ou psicoterapeutas que, enquanto profissionais, exercerão função bem definida dentro da Equipe, diversa da atuação dos leigos ministeriados).

4º) O *número* de locais de *Atendimento* deve ser de acordo com as necessidades dos Grupos de Oração e da quantidade de servos ministeriados. Porém, recomendamos que, de acordo com o número de Grupos de Oração da Cidade ou da Paróquia, que haja apenas *um núcleo* do Ministério por Paróquia ou Setores Paroquiais ou mesmo por cidade, inclusive para facilitar a unidade e o acompanhamento dos servos.

5º) Esses *Atendimentos* são organizados principalmente *para todos aqueles que participam do Grupo de Oração* e desejam partilhar suas dificuldades temporais ou espirituais, e crescer na vida de oração.

6º) Convém que o *ambiente* seja tranquilo, arejado e de fácil acesso ao povo. Deve-se estabelecer um horário fixo, fora do horário do Grupo de Oração, com momentos de reflexão das Sagradas Escrituras, e de orações preparatórias para os servos, para a Equipe, para a Intercessão e para as pessoas que vão buscar aconselhamento e oração particular.

Obs: Oferecer um momento de cafezinho é opcional, de acordo com a realidade, o local e o discernimento do Coordenador da Equipe. Mas ajuda o Atendimento.

7º) A *recepção* deve estar atenta a um bom acolhimento e encaminhar as pessoas para preenchimento de uma *Ficha-cadastro* para anotações básicas, continuidade e bom funcionamento do trabalho. A seguir, serão encaminhadas para a Capela do Santíssimo, ou para o atendimento individual, conforme o andamento e a programação do Atendimento.

8º) Eles devem contar com a colaboração da Intercessão de Combate – com intercessão intensa, contínua, durante todo o atendimento às pessoas, em local apropriado e próximo ao local em que está sendo feito o aconselhamento; e com os Servos do Ministério de Oração por Cura e Libertação atuantes.

Obs.: Aconselha-se que os servos do Ministério de Oração por Cura e Libertação tenham passado por um período de aprofundamento na oração, participando do Ministério de Intercessão.

9º) Deve-se distribuir o Atendimento individual (escuta), com orientação espiritual e encaminhamento, para os servos já preparados. Fazer o discernimento da situação partilhada e de como atuará o Senhor. Rezar pela pessoa com imposição de mãos e utilização dos Carismas, e com o auxílio do intercessor (que por sua vez intercederá também sob a unção dos carismas). Depois, orientar a pessoa através do Carisma da Palavra de Sabedoria, para que dê continuidade ao processo de cura e libertação principalmente através de sua oração pessoal.

10º) Que se faça o Acompanhamento da mesma pessoa num período de aproximadamente cinco sessões, como por exemplo: primeiramente um contato inicial; na segunda, para avaliação do processo; na terceira, com oração específica por cura e libertação; na quarta sessão, ainda por libertação ou cura; um quinto momento, para orientação espiritual e projeto de vida; pode-se acrescentar uma outra sessão para o Repouso no Espírito. Essas sessões de *Atendimento* devem ser espaçadas segundo o discernimento do servo ou da Equipe e de acordo com a necessidade.

IV

FORMAÇÃO DO S.O.S ORAÇÃO

O que é o Atendimento S.O.S. ?

É um atendimento rápido, semelhante a um Pronto Socorro hospitalar, sem acompanhamento posterior e sem continuidade na direção espiritual. Esse tipo de atendimento não é o ideal, nem para o servo nem para a pessoa que o procura; e também não é a orientação que o movimento da RCC do Brasil tem feito através da Coordenação Nacional do Ministério de Oração por Cura e Libertação.

No mínimo, que haja orientação, acompanhamento e formação contínua para *núcleos de Atendimento,* que sejam abertos a qualquer pessoa que deseje aconselhamento e intercessão, porém, destacamos que este não é o melhor meio de exercermos nosso Ministério, e que muitos problemas têm advindo dessa realidade, quando alguns servos (normalmente os mais antigos e resistentes às orientações advindas do Conselho Nacional e da coordenação nacional do Ministério), insistem em não participar da formação do Módulo Básico e muito menos de atenderem a nossas orientações.

V

FORMAÇÃO DO S.O.S. ORAÇÃO POR TELEFONE

Que haja orientação, acompanhamento e formação contínua para *núcleos de atendimento POR TELEFONE*, oferecidos para qualquer pessoa que deseje aconselhar-se e receber intercessão por telefone. Há uma publicação do Ministério de Intercessão, "A intercessão na RCC – Manual de orientação", de Maria Lúcia Vianna, pela Editora Santuário, em Aparecida-SP, que pode ser adquirida através da Distribuidora Paulo Apóstolo (Fone: 11 – 3985-3943), ou diretamente na Editora.

VI
ORAÇÃO NAS CASAS E NOS HOSPITAIS

Quando somos questionados a respeito de os servos ministeriados em Oração por Cura e Libertação poderem orar nas casas das pessoas, quando solicitados, nossa resposta é sempre *Não*.

Todo empenho tem sido feito para que se organizem os locais de Atendimento do Ministério de Oração por Cura e Libertação, porque tanto para o servo que exerce seu ministério em Equipe, quanto para a própria pessoa necessitada de oração, é melhor orarem e receberem oração no local já determinado e explicado na questão anterior.

"Não"... não significa *nunca*! Esporádica e muito eventualmente, poderá ocorrer uma situação em que, estando numa determinada casa, os servos se vejam na necessidade de orar pela cura ou libertação de alguém. Da mesma forma, se os servos, depois de muita oração e escuta, tiverem um discernimento de orar na casa da pessoa que estão acompanhando. Porém, insistimos que as pessoas que necessitam de oração devem procurar o Atendimento organizado pelos servos ministeriados, através do Grupo de Oração.

Não há impedimento algum, até recomendamos, que servos

ou pessoas do Grupo de Oração compareçam nas casas de vizinhos, parentes, amigos, ou famílias de participantes de Grupo de Oração para momentos de louvor, partilha da Palavra, cantos, oração do Santo Terço, novenas etc. Evidentemente, não só poderão como deverão atender a essas inspirações ou convites.

Quanto à *Oração nos Hospitais,* os servos do Ministério de Oração por Cura e Libertação da RCC do Brasil, dentro da proposta da Ofensiva Nacional, estão formados e preparados para atender aos membros participantes dos Grupos de Oração.

Evidentemente, se um membro do Grupo for hospitalizado, e depois permanecer acamado em sua residência, é óbvio que os servos do Ministério, assim como todos os demais servos do Núcleo do GO devem visitá-lo, orar por ele e continuar a interceder por sua recuperação.

Porém, como é sabido de todos, as Paróquias onde participamos têm como uma de suas importantes Pastorais orgânicas a *Pastoral da Saúde.* São os membros dessa Pastoral que devem visitar os enfermos nos hospitais, e para tal devem também estar preparados.

Se algum servo participante do Movimento eclesial da RCC sentir-se chamado ao ministério de visitar os doentes nos hospitais, deve engajar-se na Pastoral da Saúde de sua Comunidade paroquial, contribuindo com sua espiritualidade carismática.

Acreditamos que esse é o discernimento concorde ao Coração de Jesus, e que sempre nos põe e porá em comunhão de Igreja.

ORGANOGRAMA

Ministério de Oração por Cura e Libertação RCC do Brasil

ENCONTROS NACIONAIS

Coordenador Nacional do Ministério juntamente com o Escritório administrativo da R.C.C. do Brasil

ENCONTROS ESTADUAIS

Núcleos Estaduais + Coordenador Diocesano + coordenador diocesano do Ministério (se necessário, com a presença do Coordenador Nacional do Ministério)

ENCONTROS DIOCESANOS

Núcleo Estadual + Cada Coordenador Diocesano do Ministério + Auxiliares em sua Diocese, com seus Representantes

ENCONTROS LOCAIS

O Coordenador Diocesano do Ministério, juntamente com seus Representantes nas Cidades da Diocese e seus Auxiliares dos GO e dos G.I.

VII
MATERIAL DIDÁTICO

O Ministério de Oração por Cura e Libertação conta com o apoio didático de uma coleção de Apostilas, já amplamente explicadas no início deste Manual, além de gravações em estúdio de CDs e Fitas K7, que trazem o conteúdo e a orientação para a implantação ou reavivamento do Ministério, tornando assim mais fácil a multiplicação da formação de seus servos, e devem ser adquiridas pelos Coordenadores Estaduais ou Diocesanos ou seus respectivos coordenadores estaduais ou diocesanos do Ministério de Oração por Cura e Libertação, além de folhetos contendo todo o material. Esse material também está disponível a todos que o desejarem. Basta que se acesse nossa homepage no site da RCC do Brasil: www.rccbrasil.org.br

CONCLUSÃO

Gostaríamos que ficasse bem claro que as pessoas que se sentem chamadas ao Ministério de Cura e Libertação devem estar inseridas no Grupo de Oração e nunca realizar um trabalho paralelo ou formar um trabalho separado, ou um outro grupo, pois o Senhor nos deseja ver caminhando na unidade.

As pessoas "assistidas", "acompanhadas" pelo Ministério, também devem estar participando de Grupo de Oração, devem ser catequizadas e devem ser orientadas para que participem da vida da Igreja, se engajem nas diversas atividades do Grupo de Oração, ou paroquiais ou da Comunidade.

Ao final de toda esta elaboração de nosso *Manual de Orientações para o Ministério de Oração por Cura e Libertação*, vejo-me impelida, tentada (no bom sentido...), a retornar a meu Manual do Micro-ondas Electrolux ME 32, que mencionei na apresentação.

Pois bem, quero ousar fazer uma pequena comparação a partir dos esclarecimentos e soluções que os técnicos dão aos usuários do tal eletrodoméstico.

Destaca-se na página 68: *Se o Micro-ondas não funciona*. E já me disponho a ir estabelecendo paralelos e fazendo comparações. Assim como a Empresa responsável se põe inteiramente à disposição de seus clientes, nós também, servos coordenadores, estaremos sempre à disposição de todos para os devidos esclarecimentos e para auxiliá-los diante de prováveis situações inusitadas, assim como todos os membros do Conselho Nacional.

Se o Micro-ondas não funcionar, há um quadro onde podemos verificar as prováveis causas e efetuar algumas correções que possam ser resolvidas com certa facilidade.

Comparativamente, se após a leitura e aplicação deste Manual, o Ministério "não funcionar...", nós lhes estaremos dando algumas orientações finais, que poderão ser aplicadas pelos próprios servos. Vejamos:

SINTOMAS	PROVÁVEIS CAUSAS	CORREÇÕES
Não funciona	1. Plugue desligado da tomada	1. Una-se intimamente a Jesus e a Seu Espírito
	2. Tomada com mau contato	2. Examine-se e veja que pecados ou defeitos estão presentes em sua vida.
	3. Falta de energia elétrica ou disjuntor desligado	3. Você tem dado a direção de sua vida ao Espírito Santo? Como está sua união com Ele?
	4. Porta do forno está aberta	4. Feche as brechas do pecado e da contaminação em sua vida e em sua família.
	5. O programa não foi selecionado corretamente	5. Você está seguindo as orientações deste Manual?
	6. Fusível queimado	6. Procure um Sacerdote ou um servo ministeriado eficiente e receba oração de "imposição de mãos".
O display funciona, mas o forno não	1. Porta do forno está aberta	1. Reconheça que ainda há brechas em sua vida e peça discernimento.
	2. Veja se não há algo dentro do forno encostando na porta e impedindo-o de fechar	2. Faça um bom exame de consciência preparando-se para uma Confissão auricular.
	3. Verifique se pedaços de papel, embalagens ou outro material não estão bloqueando a porta	3. Entregue sua vida para Jesus e viva só para Ele, eliminando as coisas do mundo.
O forno para de repente	1. Dispositivo de segurança contra superaquecimento	1. A Eucaristia recebida diariamente lhe dará equilíbrio e a unção necessária para que você persevere.

SINTOMAS	PROVÁVEIS CAUSAS	CORREÇÕES
Faiscamento dentro do Micro-ondas	1. Uso de utensílios inadequados (metálicos ou com bordas metálicas) dentro do forno	1. Exercitar o uso dos carismas de modo adequado, utilizando-os sempre.
	2. O forno foi ligado vazio	2. Não se pode deixar os servos sem a formação básica, pois o Espírito age a partir de nossa natureza.
	3. Restos de sujeira acumulados no interior do forno	3. Diariamente os servos precisam dar passos na vida de arrependimento e reconciliação.
Cozimento irregular	1. Uso de utensílio inadequado	1. A má-formação a respeito dos carismas acaba atrapalhando a obra do Senhor.
	2. O alimento não está bem distribuído	2. A formação básica deve atingir todos os servos, mesmo os mais antigos e resistentes às propostas deste Manual.
	3. O alimento não estava totalmente descongelado	3. Os servos precisam estar batizados no Espírito Santo e por Ele sendo renovados diariamente.
Excesso de cozimento	1. A potência não foi selecionada corretamente	1. Quando um servo passa pela experiência do Batismo no Espírito precisa ser orientado, acompanhado e formado corretamente.
Alimento mal cozido	1. O programa não foi selecionado corretamente	1. Este Manual não foi estudado nem aplicado corretamente.
	2. Sistema de exaustão obstruído	2. Identifique quais os problemas que estão impedindo este estudo e aplicação.
Descongelamento irregular	1. Uso de utensílio inadequado	1. Os locais de Atendimento não estão organizados segundo a orientação deste Manual.
	2. O prato giratório não está bem encaixado	2. A Equipe de Servos do atendimento não está amorizada, com dificuldades de caminhar em unidade.
Os alimentos estão cozinhando muito lentamente	1. Tomada subdimensionada	1. Os coordenadores responsáveis pelo Ministério devem atuar de modo eficaz e ser mais zelosos com os compromissos assumidos.
	2. Outros aparelhos ligados na mesma rede	2. Alguns servos ou coordenadores estão sobrecarregados por estarem envolvidos com outros ministérios.
Prato giratório faz barulho ou pára	1. Sujeira no prato, nas rodinhas ou no encaixe	1. Os servos da Equipe do Ministério não estão conscientizados que o tripé da espiritualidade está sendo esquecido, refletindo na articulação entre eles.
	2. Mau posicionamento do prato ou das roldanas	2. O responsável pela Equipe de Atendimento deve conhecer bem os servos, e posicionando-os adequadamente no Ministério.

SINTOMAS	PROVÁVEIS CAUSAS	CORREÇÕES
O micro-ondas causa interferência na TV ou no rádio	1. Aparelhos muito próximos	1. Sendo este Ministério um contínuo combate espiritual, é necessário que os servos rompam definitivamente com a carne, com o mundo e com satanás.

Esperamos estar contribuindo com todos aqueles que têm em seus corações o mesmo ideal que nós. Há anos buscamos, e numa visão profética, sonhamos também ver a Igreja – esposa de Jesus Cristo –, renovada pelo poder do Espírito Santo.

Para encerrar, de verdade, propomos que todos façam uma reflexão séria e responsável a respeito dessas "correções", conscientes de que a tarefa é árdua, extensa, do tamanho do território de nosso país(!), e maiores ainda as dificuldades que enfrentamos em todos os níveis de nossa realidade social e econômica, religiosa. Somente aceitamos esse desafio porque experimentamos – e por isso não temos testemunhar – Jesus Cristo atuando hoje, no aqui e no agora de todos os que se abrem a Sua ação poderosa, e vão se tornando mais e mais dóceis à Santa Palavra:

"Impõe-se a todos os cristãos o dever luminoso de colaborar para que a mensagem divina da salvação seja conhecida e acolhida por todos os homens em toda parte. Para exercerem esse apostolado o Espírito Santo – que opera a santificação do povo de Deus através do ministério e dos sacramentos – confere ainda dons peculiares aos fiéis (cf. 1Cor 12,7), *'distribuindo-os a todos, um por um, conforme quer'* (1Cor 12,11), *de maneira que ' cada qual, segundo a graça que recebeu, também a ponha a serviço de outrem' e sejam eles próprios 'como bons dispensadores da multiforme graça de Deus'* (1Pd 4,10), *para a edificação de todo o corpo na caridade"* (cf. Ef 4,16).[10]

---

[10] Apostolicam Actuositatem, 1339.

BIBLIOGRAFIA BÁSICA

Há uma bibliografia básica e específica do Ministério de Oração por Cura e Libertação que deve ser estudada e consultada para a formação de todos aqueles que se sentem chamados a exercer o Ministério de Cura e Libertação. Ela não se esgota aqui, pois, para a glória do Senhor, cada dia vêm surgindo novos livros esclarecedores sobre a importância e o exercício do Ministério, e que vão clareando ainda mais os passos de nossa caminhada:

1. *A Cura física e Interior*, Benigno Juanes, SJ, Edições Loyola.
2. *Quem como Deus?*, John Richards, Edições Louva-a--Deus.
3. *Amor que Cura*, Irmã Aparecida Framarin, Edições Ave--Maria.
4. *O Senhor Cura*, Alfonso Uribe J., Edições Ave-Maria.
5. *Cura interior*, Betty Tapscott, Editora Betânia.
6. *Quem Ama não adoece*, Dr. Marco Aurélio Dias da Silva, Editora Best Seller.
7. *Cura para o homossexual*, Brick Bradford e outros, Livros Co-Lab/1978.
8. *Jesus Cristo, médico da minha pessoa*, Thomas Forrest e José Prado Flores, Edições Louva-a-Deus.

9. *Liberte-se perdoando*, Carlos Afonso Schmitt, Edições Paulinas.

10. *Os dons de santificação do Espírito*, Luciano do Amaral, Edições Loyola.

11. *Dons espirituais de serviço*, Luciano do Amaral, Edições Loyola.

12. *Carismas*, Escola Paulo Apóstolo n.º 3, Editora Santuário.

13. *Os carismas em São Paulo*, Dom Evangelista Martins Terra SJ, Editora Loyola.

14. *Aspirai aos dons espirituais*, Pe. Jonas Abib, Edições Loyola.

15. *Oração*, Pe. Diego Jaramillo, Edições Louva-a-Deus.

16. *A terapia de Deus*, Leon Hual, Editora Paulus.

17. *A Cura pela Missa*, Pe. Robert DeGrandis, Edições Loyola.

18. *Caminhando na Luz*, Ann Ross Fitch e Pe. Robert DeGrandis, Editora Raboni Ltda.

19. *Cura dos oito estágios da vida*, Matthew Linn, Sheila F. Linn, Dennis Linn.

20. *Ministério de Cura para leigos*, Pe. Robert DeGrandis, Edições Loyola.

21. *Cura entre gerações*, Pe. Robert DeGrandis, Edições Louva-a-Deus.

22. *Transformados para sempre*, Pe. Robert DeGrandis, Ed. Loyola.

23. *Oração*, Pe. Diego Jaramillo, Edições Louva-a-Deus.

24. *Oração de Cura – o desafio*, D. B. Heron, OSB, Edições Louva-a-Deus.

25. *Combate Espiritual*, Pe. Joãozinho, SCJ, Edições Loyola.

26. *Anjos, uma presença e uma certeza*, Antonio Carlos Guerra da Cunha, Edições Digipel.

27. *Guerra Espiritual*, Pe. George W. Kosicki, C.S.B., Edições Louva-a-Deus.

28. *Os Anjos, uma realidade admirável*, Archibald J. Macintyre, Edições Louva-a-Deus.

29. *As Bênçãos da Enfermidade*, M. Basilea Schilink.

30. *Nunca mais serás o mesmo*, M. Basilea Schlink, Edições Betânia.

31. *O mundo invisível dos anjos e dos demônios*, M. Basilea Schlink, Ed. Louva-a-Deus ,1993.

32. *Um exorcista conta-nos*, Pe. Gabrielle Amorth, Ed. Paulus.

33. *Exorcistas e Psiquiatras*, Pe. Gabrielle Amorth, Ed. Paulus.

34. *Existe o diabo?*, Dom João Evangelista Terra, SJ, Ed. Loyola, 1975.

35. *O Diabo hoje*, Georges Huber, Ed. Quadrante, 1999.

36. *O adversário*, Mark Bubeck, Edições Vida Nova, 1977.

37. *O diabo e o exorcismo*, Frei Elias Vella.

38. *Como rezar para cura entre gerações*, Pe. A . Gambarini, Ed. Ágape.

39. *A Cura é sempre Divina*, Dra. Maria Lira, Edições Louva-a-Deus.

40. *Venho para Curar*, Pe. Dario Betancourt, Edições Loyola.

41. *A Cura pelos Sacramentos*, Pe. Dario Betancourt, Edições Loyola.

42. *Curados pelo Espírito*, Pe. Dario Betancourt, Edições Loyola.

43. *O Homem curado*, Pe. Dario Betancourt, Edições Loyola.

44. *Orar no sofrimento*, Pe. Dario Betancourt, Edições Loyola.

45. *A cura do interior*, Raquel Araújo Silva Ventura, Editora Santuário.
46. *A Cura da família*, Blanca Ruiz, Edições Loyola.
47. *É Jesus quem cura*, Francis MacNutt, OP, Edições Loyola.
48. *Para os que sofrem*, Pe. Luiz Gemelli, Editora Digipel.
49. *A Cura da dor mais profunda*, Mattew Linn, Sheila e Dennis Linn, Ed. Verus.
50. *Curando a vida emocional*, Dom Cipriano Chagas, OSB, Edições Louva-a-Deus.
51. *Curando as emoções feridas*, Martin H. Padovani, Editora Paulus.
52. *O poder de cura da oração*, Bridget Meehan, Editora Paulus.
53. *Oração de Cura – o desafio*, Dom Benedict Heron, OSB, Edições Louva-a-Deus.
54. *O sentido cristão do sofrimento humano* – Carta Apostólica "Salvifici Doloris" de João Paulo II, Edições Paulinas, 1984.
55. Coleção RCC Responde, n.º 3 – *Perguntas e respostas sobre o Ministério de Oração por Cura e Libertação*.
56. *Orações Selecionadas de Cura e Libertação*, Livrarias Loyola (Ministério de Oração por Cura e Libertação da Arquidiocese de Sorocaba).

TEXTOS DE REFLEXÃO

Próprios para o Dia de Oração, Cura e Libertação

1. Não dá mais!

Senhor Jesus, vem me socorrer! Eu não posso mais. A voz quer se apoderar de mim, e diz: "Não dá mais – corta tudo – vá embora – desiste". *(Em seu casamento, em seu ministério, seu trabalho, no relacionamento com esta ou aquela pessoa que parece ser insuportável para você e deixa você atormentado).*

Mas, eu quero fazer o que Tu, Jesus, dizes, o que Tu queres, pois eu sei: cada caminho da desobediência ia terminar num desastre.

Por isso, quero ouvir o que Tu, ó Jesus, me dizes: "Foi exatamente esta prova que Eu escolhi para você, e também a medi, de forma que você também tem a chance de se tornar vencedor em meio a esta prova, e um dia poderás herdar a coroa da vitória. É com um propósito que eu coloquei você no meio desta prova e necessidade, para que seu homem interior possa se fortalecer através de todas as contrariedades e necessidades. Nesta situação você deve aprender paciência; uma paciência que possa esperar e suportar, até que alguma coisa mude.

Em meio a estas dificuldades, você deve aprender a suportar pessoas e circunstâncias com um amor que não se cansa, que não responde, que ama o irmão problemático (a irmã) e sofre por ele até que algo possa mudar. E você mesmo será transformado em minha imagem.

Você quer desistir da escola antes de terminar o curso? Acredite que de minhas mãos você não pode fugir. Por isso, tenha cuidado que não aconteça coisa mais grave, se você quer fugir de seu jugo, e com isso, está fugindo de minha mão que queria pô-lo (a) sobre seus ombros.

Você quer desistir de seguir a mim, a seu Senhor que trilhou o caminho da cruz em sua frente? Ouça a palavra: "Felizes os que com paciência perseveram na provação, até o fim. Então vou livrar você da fornalha, e grandes coisas acontecerão em sua vida, para sua alegria e a minha também".

Sim, meu Senhor Jesus
Tua Palavra eu quero obedecer!
Sim, quero perseverar em paciência...
Amém!

2. Senhora do Silêncio

Mãe do Silêncio e da Humildade, tu vives perdida e encontrada no mar sem fundo do Mistério do Senhor.

Tu és disponibilidade e receptividade. Tu és fecundidade e plenitude. Tu és atenção e solicitude pelos irmãos. Estás revestida de fortaleza. Resplandecem em ti a maturidade humana e a elegância espiritual. És senhora de ti mesma antes de ser nossa Senhora.

Em ti não há dispersão. Em um ato simples e total, tua alma, toda imóvel, está paralisada e identificada com o Senhor. Estás dentro de Deus, e Deus dentro de ti. O Mistério total te envolve e te penetra e te possui, ocupa e integra todo o teu ser.

Parece que em ti tudo ficou parado, tudo se identificou contigo: o tempo, o espaço, a palavra, a música, o silêncio, a mulher, Deus. Tudo ficou assumido em ti, e divinizado. Jamais se viu figura humana de tamanha doçura, nem se voltará a ver nesta terra uma mulher tão inefavelmente evocadora.

Entretanto, teu silêncio não é ausência, mas presença. Estás abismada no Senhor e ao mesmo tempo atenta aos irmãos, como em Caná. A comunicação nunca é tão profunda quando não se diz nada, e o silêncio nunca é tão eloquente como quando nada se comunica.

Faz-nos compreender que o silêncio não é desinteresse pelos irmãos, mas fonte de energia e irradiação, não é encolhimento mas projeção. Faz-nos compreender que, para derramar, é preciso preencher-se.

Afoga-se o mundo no mar da dispersão, e não é possível amar os irmãos com um coração disperso. Faz-nos compreender que o apostolado, sem silêncio, é alienação, e que o silêncio, sem apostolado, é comodidade.

Envolve-nos em teu manto de silêncio e comunica-nos a fortaleza de tua Fé, a altura de tua Esperança e a profundidade de teu Amor.

Fica com os que ficam e vai com os que partem.
Ó Mãe Admirável do Silêncio!

3. Oração a Jesus Ressuscitado

Senhor, Vós que garantistes a Tomé: *"Felizes aqueles que creem sem ter visto"* (Jo 20,9b), fazei que a força de Vossa ressurreição aumente sempre mais nossa esperança na *vida nova* que viestes anunciar.

Cremos na Vossa Palavra que liberta e salva. Cremos no mundo novo transformado pelas forças de Vosso amor. Cremos na Vossa mensagem que hoje transforma a vida das comunidades constituídas em Vosso nome.

Nós vos pedimos, Senhor, que pela graça de Vossa ressurreição, afasteis de nós todas as consequências dos males de nosso passado, toda tristeza da vida presente e todo o desânimo diante do futuro da Igreja e da sociedade. Amém!

4. Ouvir, ver e falar

Todos temos tido a oportunidade de encontrar pessoas privadas do uso dos sentidos. Defeitos de nascimento, acidentes, enfermidades, achaques de velhice são motivos por que alguns dos nossos não podem ver a luz do sol.

Nem percebem o que se diz a seu redor, nem conseguem fazer-se compreender.

Seus olhos, seus ouvidos, suas gargantas, não cumprem seu destino.

Surdos, mudos, cegos éramos nós perante Deus, nosso Pai. O homem não conheceu Deus, não O glorificou, não Lhe deu graças, disse Paulo em sua Carta aos Romanos. O Homem não quis falar a Deus: *Faço que não ouço, como surdo; como mudo, não abro a boca,* reza o salmo.

Mas veio Cristo e, como a tantos cegos e mudos e surdos do Evangelho, nos deu o uso pleno dos sentidos. Desde então podemos ver Deus em toda parte no mundo; abriram-se-nos os olhos da alma e em todos os lugares descobrimos Deus.

Desde então escutamos Sua Palavra, pois Cristo é a Palavra do Pai que ressoou em nossos ouvidos, e seu eco alcança o recôndito dos corações.

Desde então podemos falar a Deus, chamá-Lo "Pai" como Jesus o chamava. Isso o alcançamos no batismo: vimos a luz, ouvimos a Cristo, dialogamos com o Pai.

Que diríamos nós de um homem que, desfrutando dos sentidos, quisesse voluntariamente privar-se deles? Arrancar-se os olhos, fugir da luz e refugiar-se nas trevas, como na tragédia grega? Cerrar os ouvidos, recusar-se abri-los à música, à palavra, ao diálogo? Apertar os lábios e conservar-se num mutismo absoluto?

Isso não teria sentido. É totalmente inconcebível. E entretanto é uma atitude normal nos homens! Apartamo-nos de Deus e ignoramos Sua voz!

Por isso, neste dia somos convidados à conversão, a prestar atenção ao Senhor. A abrir os olhos e descobri-Lo, porque está perto. A aguçar os ouvidos e prestar-Lhe atenção, porque na Criação e na Bíblia fala-nos sem cansar. A despregar os lábios e falar-Lhe, pois não quer discursos e sim murmúrios e sorrisos como os que o recém-nascido dirige a seus pais.

Ó Deus, que Te vejamos sempre, que escutemos com atenção Tua voz e que saibamos falar-Te!

Pe. Diego Jaramillo

5. Oração de Daniel

Eu volto meu rosto ao Senhor Deus, para O buscar com oração e súplicas, com jejum, pano de saco e cinza.

Ah! Senhor! Deus grande e temível, que guardas a aliança e a misericórdia para com os que Te amam e guardam Teus mandamentos; nós temos pecado e cometido iniquidades, procedemos perversamente e fomos rebeldes, apartando-nos de Teus mandamentos e de Teus juízos; e não demos ouvido a Teus servos, os profetas, que em Teu nome falaram a nosso povo.

A Ti, ó Senhor, pertence a justiça, mas a nós o corar de vergonha, como hoje se vê, na situação em que nos encontramos, por causa de nossas transgressões que cometemos contra Ti.

Ó Senhor, a nós pertence o corar de vergonha, porque temos pecado contra Ti. Mas ao Senhor, nosso Deus, pertence a misericórdia e o perdão; pois nós temos rebelado contra Ele, e não obedecemos à voz do Senhor, nosso Deus, para andarmos em Suas leis, que nos deu por intermédio de Seus servos, os profetas.

Sim, todo o nosso povo transgrediu Tua lei, desviando-se para não obedecer a Tua voz; por isso a maldição se derrama sobre nós; porque temos pecado contra Ele. E Ele confirmou Sua palavra, que falou contra nós.

Apesar disso, não temos implorado o favor do Senhor, nosso Deus, para nos convertermos de nossas iniquidades, e nos aplicarmos a Tua verdade... Por isso, o Senhor cuidou em trazer sobre nós o mal, e o fez vir sobre nós; pois justo é o Senhor, nosso Deus, em todas as Suas obras que fez, pois não obedecemos a Sua voz. Temos pecado e procedido perversamente.

Ó Senhor, segundo todas as Tuas justiças, aparte-se Tua ira e Teu furor de nosso povo, para que não seja entregue à destruição. Agora, pois, ó Deus, ouve a oração de Teu servo e as súplicas, e sobre de Teu santuário assolado, faze resplandecer Teu rosto, por amor do Senhor.

Inclina, ó Deus meu, Teus ouvidos, e ouve; abre Teus olhos, e olha para nossa desolação e a de nossa nação, que é chamada por Teu nome, e conhecida ainda como nação cristã. Porque não lançamos nossas súplicas perante Tua face fiados em nossas justiças, mas em Tuas misericórdias.

Ó Senhor, ouve; ó Senhor, perdoa; ó Senhor, atende-nos e age; não Te retardes, por amor de Ti mesmo, ó Deus meu! *Baseado em Daniel 9,3-19*

6. "Mas havia oração..." (cf. At 12,5).

A oração é o elo que nos põe em contato com Deus. É a ponte que liga quaisquer distâncias, e nos carrega por sobre qualquer abismo de perigo ou necessidade.

Que significativo quadro da Igreja apostólica: Pedro, na prisão; os judeus triunfantes; Herodes supremo; a arena dos martírios esperando o raiar do dia, para beber o sangue do apóstolo. Tudo contra ela. *"Mas havia oração incessante* a Deus por parte da Igreja a favor dele", de Pedro. E qual o resultado? A prisão, aberta; o apóstolo, em liberdade; os judeus confundidos; o ímpio rei, comido de bichos – um espetáculo em substituição ao da arena, embora às ocultas; – e a Palavra de Deus, propagando-se com maior vitória.

Conhecemos o poder de nossa arma espiritual? Atrevemo-nos a usá-la com a autoridade de uma fé que não só pede, mas reclama o que é seu? Deus nos batize com uma santa ousadia e divina certeza! Ele não está esperando por grandes homens, mas por homens que ousem pôr à prova a grandeza de seu Deus. Sim, *Deus*! Sim, à oração!

Em sua oração, tenha cuidado, acima de tudo, de não limitar a Deus: não só por incredulidade, mas por imaginar que já sabe o que Ele pode fazer. Espere coisas inesperadas, além de tudo o que pedimos ou pensamos. Toda a vez que orar, fique quieto, primeiro, e adore a Deus em Sua glória, louvando-O a seguir. Pense no que Ele pode fazer, em como Ele tem prazer em ouvir a Jesus Cristo, e pense em sua posição em Cristo Senhor; e espere grandes coisas.

Nossas orações são as oportunidades de Deus.

Você está em tristeza? A oração pode tornar suave sua aflição e fazer dela um meio de fortalecimento de sua vida. Você está alegre? A oração pode acrescentar a sua alegria alguma coisa do céu. Está em extremo perigo ante inimigos externos e internos? A oração pode trazer a sua mão direita um anjo, cujo

toque reduziria uma mó a um pó mais fino que o trigo por ela triturado, e cujo olhar fulminaria um exército. O que a oração fará por você? Eu respondo: *tudo o que Deus pode fazer!* "Pede o que queres que te dê".
"Mananciais do Deserto"[11]

7. O Caminho mais certo para a felicidade

"Assim, o chamado ao arrependimento, é o falar de Deus para o tempo final, do qual lemos em Sua Palavra: *"Bem-aventurado aquele que ouve Sua Palavra e a guarda"* (Ap 1,3:22,7). Bem-aventurado aquele que atende a este chamado de arrependimento como oferta do Reino dos Céus, e está à disposição do Senhor para celebrar com Ele as bodas do Cordeiro. *"Aquele que dá testemunho destas coisas, diz: Certamente venho sem demora. Amém. Vem, Senhor Jesus!"* (Ap 22,20).

Amado Senhor Jesus,
Eu te peço o maior presente da graça, que anelo para a minha vida: contrição e arrependimento.
Envia-me, por Tua graça, o Espírito da verdade, para que eu me reconheça à Tua luz e veja o abismo do meu pecado. Ajuda-me para isso por Tua Palavra, a fim de que ela me convença como a norma para meu falar e pensar, para minhas ações e omissões, para meu trabalho e operar, e preserva-me de adotar normas próprias e fúteis. Dá-me que a norma do Sermão da Montanha (Mt 5) seja para mim compromissiva e que eu veja em Tua luz assim como Tu me vês, para que me julgues a mim

---

[11] *Mananciais do deserto*, Lettie Cowman, Editora Betânia, 1980.

mesmo como Tu um dia me julgarias caso não me tivesse arrependido do meu pecado.

Dá-me por Teu Santo Espírito a percepção para reconhecer em tudo o que me suceder, especialmente nas correções, Tua exortação amorosa para o arrependimento e aceitá-lo prazerosamente.

Escuta, pois, minha oração e dá-me o coração quebrantado que não se apoia em justiça e segurança próprias, mas que possa chorar, sempre de novo, e então também jubilar sobre o teu perdão.

Agradeço-Te, porque com toda a certeza atendes a esta oração por contrição e arrependimento, porque coisa alguma Te alegra tanto como um pecador que se arrepende, e que, portanto, não desejas de nós nada além de lágrimas contritas de arrependimento. Por conseguinte, não quero mais olhar para o meu coração, duro e impenitente, mas para Ti, meu Senhor Jesus Cristo, que vieste desfazer toda justiça própria e obstinação, e nos adquiriste em Tua redenção um coração novo, brando e humilde.

Faze-me perseverar na fé e não esmorecer no orar, até que seja derretida minha dureza e possa chorar sobre tudo que ofendi a Deus e a meus semelhantes. Certamente, conceder-me-ás este lamento sobre minha velha natureza, sobre minha dureza e impiedade, minha falta de amor, minha má língua, meu ciúme e minha inveja, minha falta com a verdade, meus laços com pessoas e bens desta terra, e me guiarás ao arrependimento total.

Graças Te dou, Senhor Deus, que chamas à existência o pecador que ainda há em mim, e me dás condições de pedir para que se realize o verdadeiro arrependimento, e para que se renovem minha vida divina e amor por Ti. Dá que eu possa assim, por uma vida redimida e feliz de um pecador agraciado, louvar-Te aqui na terra e estar preparado para, em Tua volta, entrar contigo em glória para as bodas do Cordeiro. *M. Basilea Schilink*

8. Ser Cristão

Ser cristão é ouvir, por mais que canse,
As palavras aflitas de um alguém qualquer
É dar provas de muita compreensão
Seja a quem for, um homem, uma Mulher.

Ser cristão é emprestar o ombro – sempre –
Para a cabeça nele repousar
Aquele que tem fome de atenção e desespero
Porque não encontra onde se aninhar.

Ser cristão é estender a mão àquele
Que não se sabe como um dia tropeçou
E ajudá-lo a se erguer, sem censurá-lo,
Mostrando assim que já o perdoou.

Ser cristão é ser forte –
Para trazer nos lábios um sorriso
Inda que ao peito chore o coração.

É falar palavras doces de consolo
É saber como dizer um "não"
Quando o grande mal seria um "sim".

Ser cristão é tudo isso, é mais, enfim
É nosso especial jeito de gostar
É fazer entre as almas transfusão
Para o amor em Cristo assim perpetuar!...

Índice

Prefácio à segunda edição 5

Apresentação 9

I. O Ministério de Oração por Cura e Libertação 15
1. O que é 15
2. O que faz 16
3. Como implantar 16
4. Nossa espiritualidade 18

II. Metodologia 29
1. Encontros Nacionais para o Ministério de Oração por Cura e Libertação 29
2. Encontros Estaduais para o Ministério de Oração por Cura e Libertação 31
3. Encontros Diocesanos para o Ministério de Oração por Cura e Libertação 31
4. Encontros locais 36
5. Encontros de Aprofundamento sobre o Ministério de Oração por Cura e Libertação 37
6. O Ministério de Oração por Cura e Libertação no Grupo de Oração 47
7. Reuniões de Formação e Partilha 48
8. Seminários por Cura e Libertação 49

9. Dias de Oração, Cura e Libertação 50
10. Curso Contínuo para Servos 55

III. Formação do Atendimento feito pelo Min. de Orientação, Intercessão e Oração por Cura e Libertação 57

IV. Formação do S.O.S. Oração 60

V. Formação do S.O.S. Oração por Telefone 61

VI. Oração nas Casas e nos Hospitais 62

VII. Material Didático 65

Conclusão 67

Bibliografia Básica 71

Textos de reflexão 75

MISTO
Papel produzido
a partir de
fontes responsáveis
FSC® C132240

A marca FSC® é a garantia de que a madeira utilizada na fabricação do papel deste livro provém de florestas que foram gerenciadas de maneira ambientalmente correta, socialmente justa e economicamente viável.

Este livro foi composto com as famílias tipográficas Tiffany e Times New Roman e impresso em papel Offset 75g/m² pela **Gráfica Santuário.**